올백 맞는 교과서 따라 쓰기

초등 2

1 학기

국어

수학

통합

2 학기

국어

수학

통합

1 학기

국어 : 자신있게 말해요

부호를 사용해
감정을 말해보자.

바르게 따라 써보자.

‘	작	은	따	옴	표
‘	작				
‘	작				

물음표는 궁금한 게
있을 때 사용하겠지?

!	느	낌	표
!	느		
!	느		

느낌표는 강조하고
싶을 때 사용해!

.	마	침	표
.	마		
.	마		

?	물	음	표
?	물		
?	물		

따라 써보자!

1

부호를 사용하면 글의 뜻이 효과적으로 전달되고,

부

부

부호 부 부

효과 효 효

부호를 사용해
감정을 말해보자.

2

문장의 의미를
오해하는 일이
줄어들어.

오해
상대방의 뜻을
잘못 아는 것을 말해.

,

, 쉼표는 문장이
잠시 쉬어갈 때 사용해.

.

. 마침표는 문장을
끝낼 때 사용해.

큰따옴표 (“ ”)는 인물이
소리 내어 한 말을 적을 때,
작은따옴표 (‘ ’)는 마음속으로
생각한 말을 적을 때 사용해.

“ 큰따옴표

오해

활동1. 친구와의 대화문을 보고 알맞은 문장 부호를 써보자. **정답** 127쪽

친구가 말했다.

□ 개구리는 개구리야. □

내가 물었다.

□ 왜 개구리가 개구리야 □□

친구가 소리치며 말했다.

"개구리는 개구리이기 때문이지 □ "

나는 생각했다.

□ 아하! 개구리는 개구리라서 개구리구나! □

활동2. 다음 문장 부호 중 문장 끝에 오는 것끼리 묶어보자.

–	)	~	!	
,	/	:	?	.

수학 : 세 자리 수

함께
세 자리 수를
읽어볼까?

바르게 따라 써보자.

백	의		자	리

유백!
675

십	의		자	리

칠십!
675

일	의		자	리

오!
675

따라 써보자!

1

숫자에는 모두 제자리가 있어.

육백칠십오

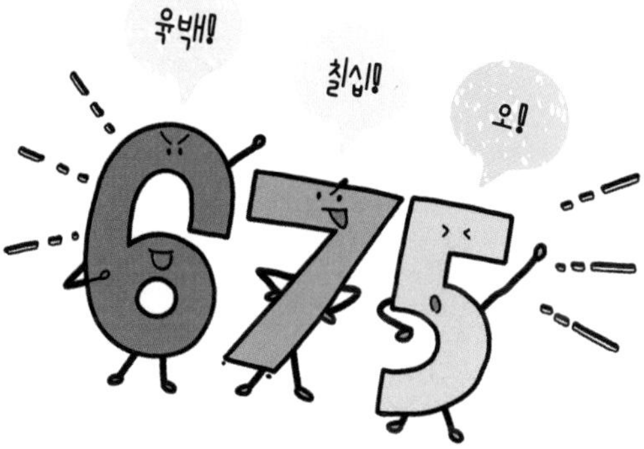
육백!
칠십!
오!

2

가장 큰 자릿수부터 읽어주면 돼.

3

백의 자리와 십의 자리 숫자 뒤에는

4

보이지 않는 0이 있어.

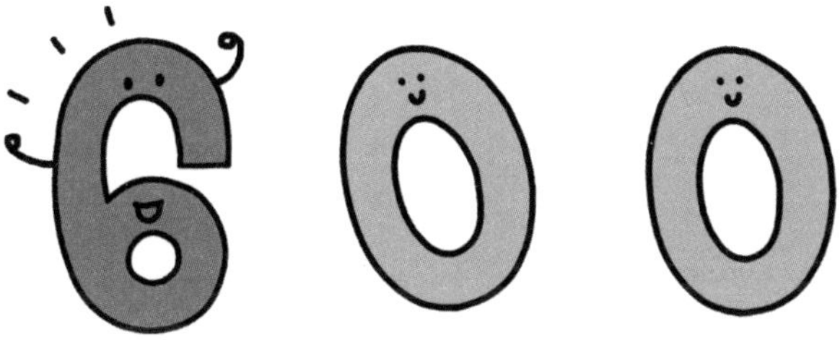

육백

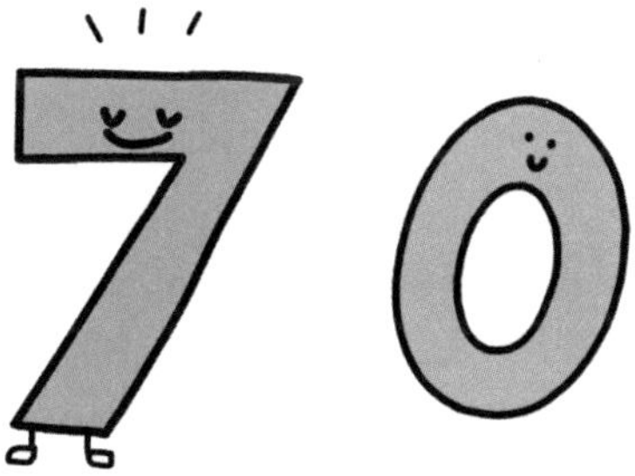

칠십

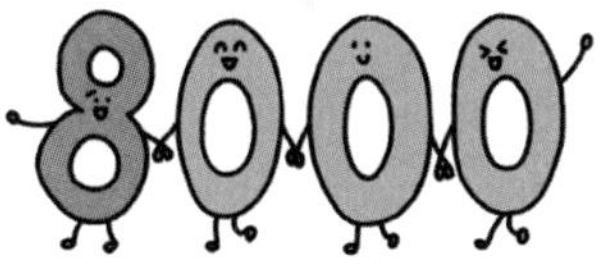
우리는 무한대로
늘어날 수 있어~

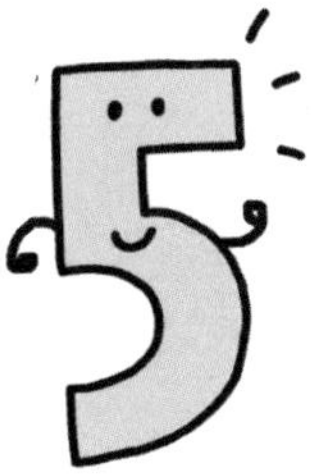

오

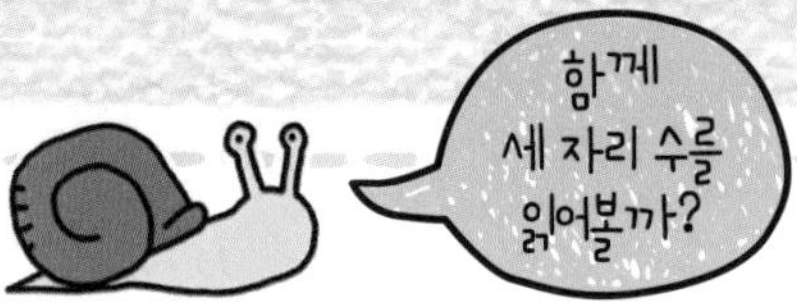
함께
세 자리 수를
읽어볼까?

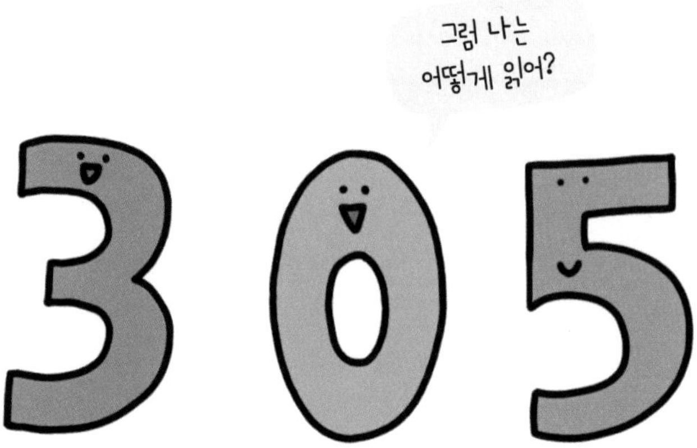
그럼 나는
어떻게 읽어?

삼	백		오

5

0은 아무것도 없다는 의미라서 삼백오라고 읽어.

활동1. 다음 세 자리 숫자들을 읽어볼까?

759

칠 백 오 십 구

604

육 백 사

260

이 백 육 십

139

백 삼 십 구

통합 : 치카치카 양치질

구석구석 깨끗이
양치를 하자.

바르게 따라 써보자.

1

우리 입속에는
아주 많은 세균
이 살고 있어.

건치
치열이 고르고 건강한
치아를 말해.

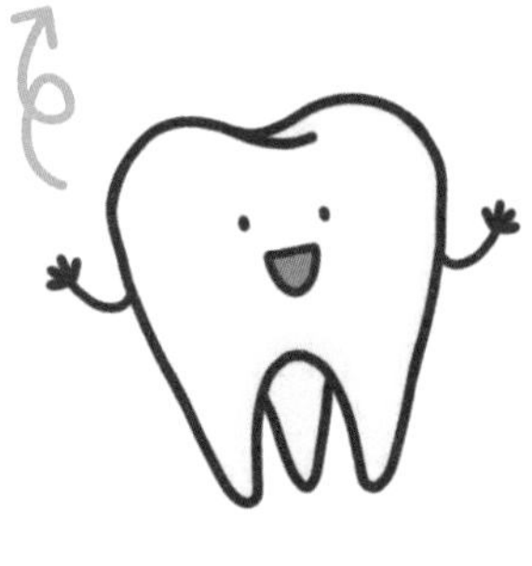

충치
세균 때문에
아프게 된 이를 말해.

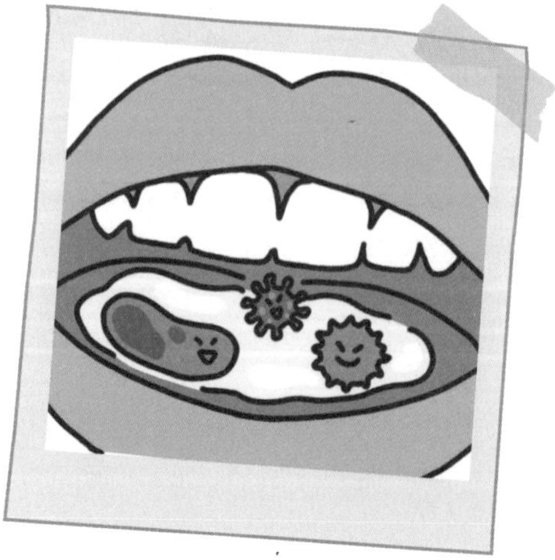

2

세균이 많아지고 강해지면 충치가 생기는 거 알지?

3

충치가 생기면 잇몸이 부어서 밥도 잘 못 먹을 거야.

구석구석 깨끗이 양치를 하자.

4

충치가 생기지 않게 예방하려면,

아야, 충치가 생겨서 너무 아파!

충치

5

양치질을 자주 해주어야 해.

밥		먹	고	
3	분		안	에

3	분		동	안

하	루		세		번

국어 : 단어를 바르고 정확하게 써요

발음은 같아도 생김새는 다른 단어들을 구분해보자.

바르게 따라 써보자.

문이 닫히다.

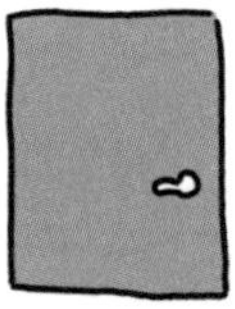

닫 히 다

발을 다치다.

다 치 다

고무줄을 늘이다.

늘 이 다

달팽이는 느리다.

느 리 다

한 걸음씩 땅 위를 걷다.

걸 음

거름은 땅을 기름지게 만든다.

거 름

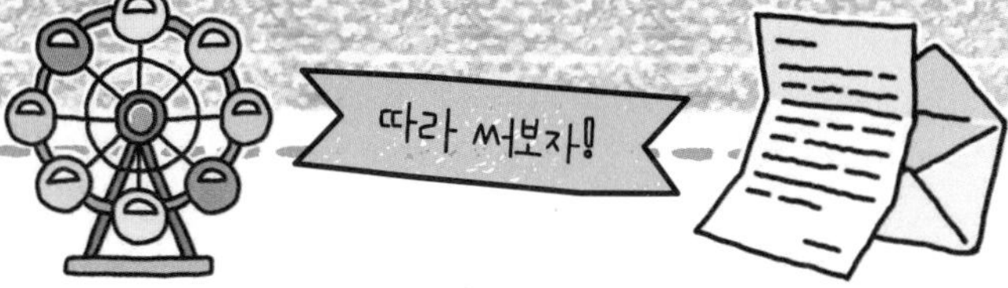
따라 써보자!

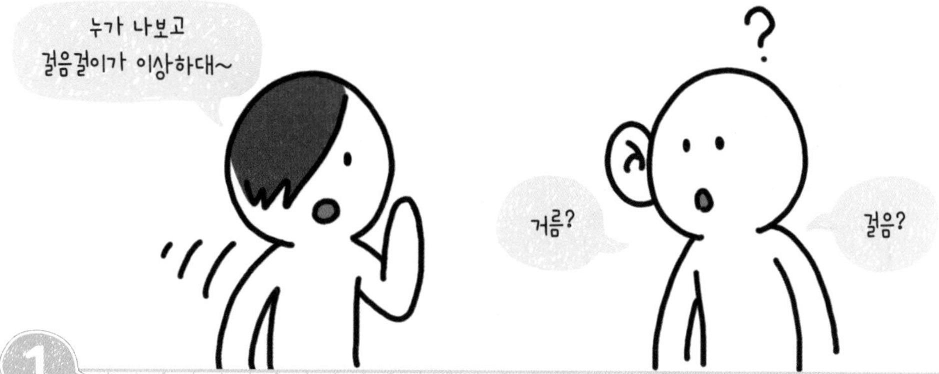
누가 나보고
걸음걸이가 이상하대~
거름?
걸음?

1

발음은 같아도 생김새는 다른 단어들이 있어.

발음은 같아도
생김새는 다른 단어들을
구분해보자.

상황
일이 되어 가는
과정을 말해.

2

그럴 땐 앞뒤 내용을 잘 살펴서

3

알맞은 단어를 쓸 수 있어야 해.

활동1. 가운데 적힌 단어와 같은 발음을 가진 그림을 선으로 이어보자. 정답 127쪽

동음이의어란?

동음이의어란 소리와 모양이 모두 같지만, 뜻이 다른 단어를 말해.

예) (어두운)밤 ≠ (먹는)밤

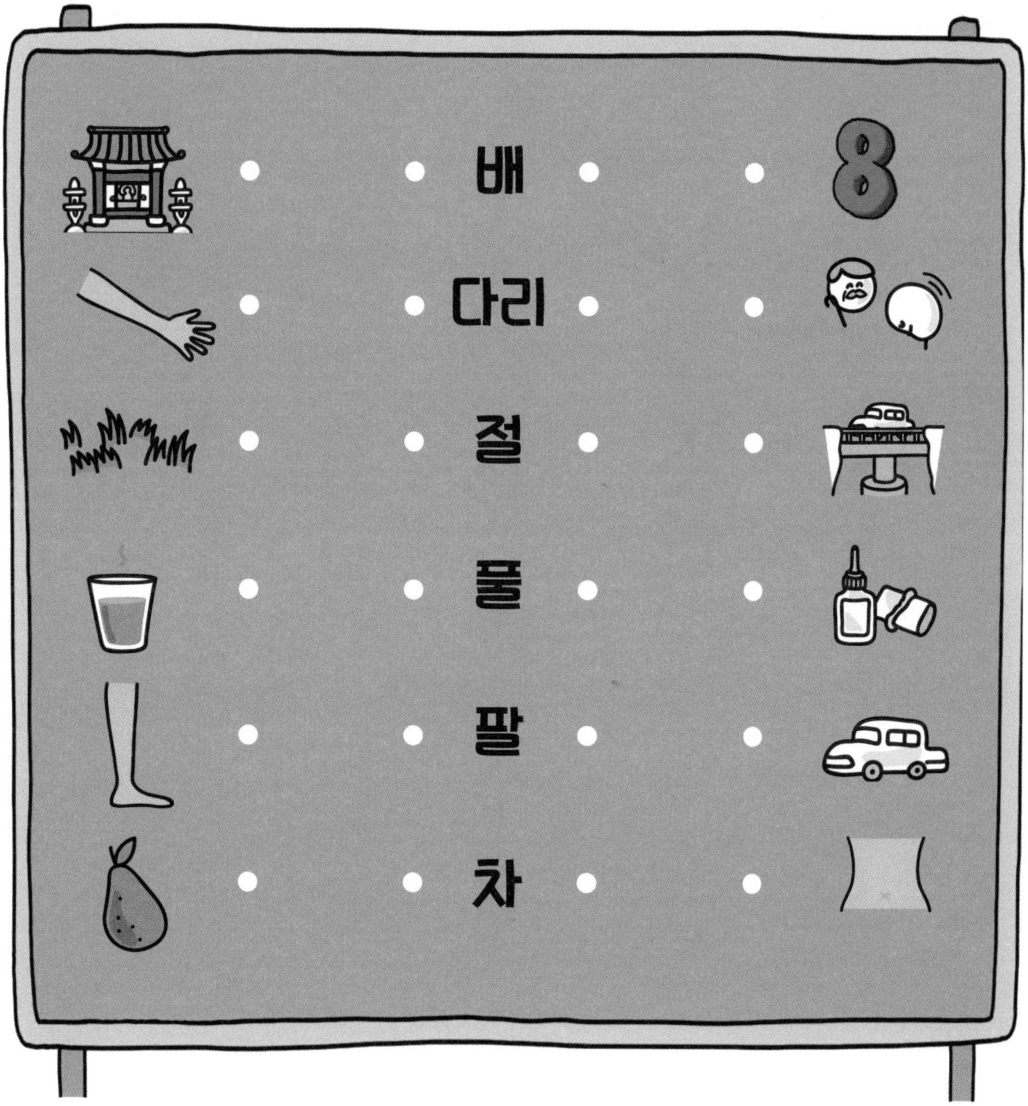

수학 : 여러 가지 도형

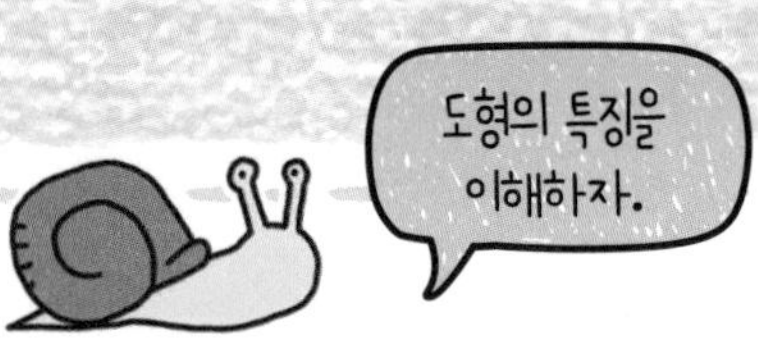
도형의 특징을
이해하자.

바르게 따라 써보자.

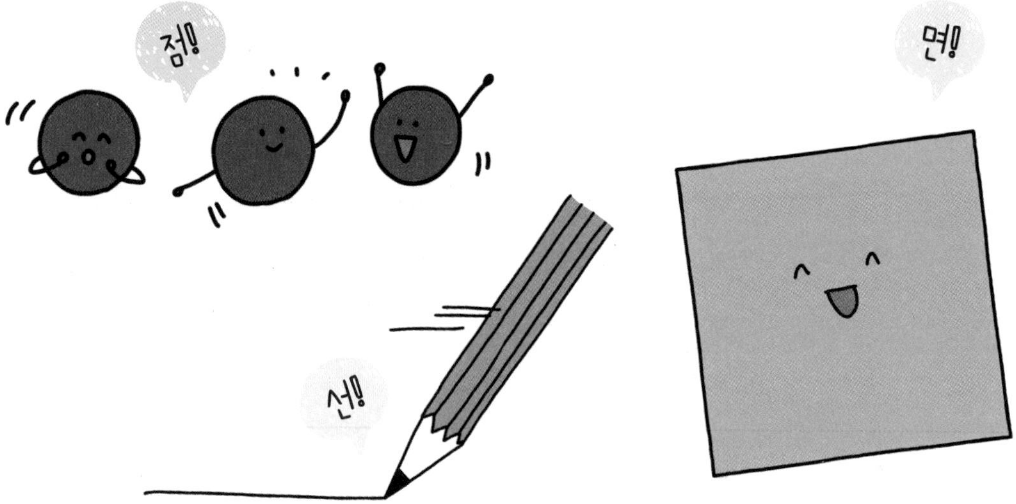
점!
면!
선!

1 도형은 점, 선, 면으로 만들어져.

점

선

나는 점이야.
연필로 콕 하고
찍은 모양이지.
나는 선이야.
무수히 많은 점으로
이루어져 있어.
나는 면!
무수히 많은 선이
이어진 모습이야.

면

도형의 특징을
이해하자.

2

선과 선이 만나는
점을 꼭짓점,

나는 꼭짓점이 3개야!

나는 변이 4개나 있지롱!

3

점과 점을 잇는
선은 변이라고 해.

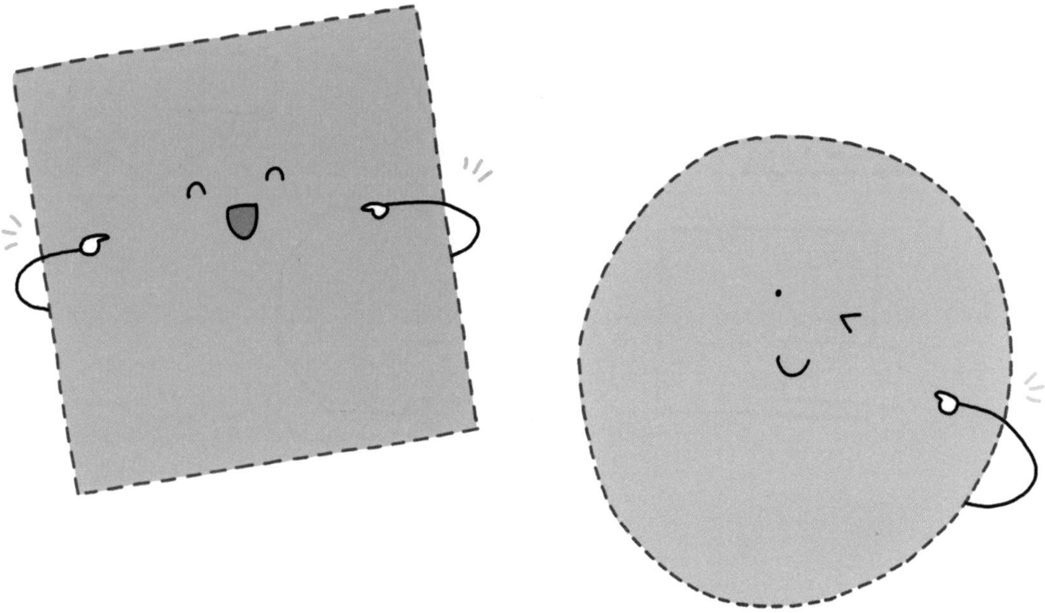

4

꼭짓점과 변이 이루는 안쪽을 면이라고 불러.

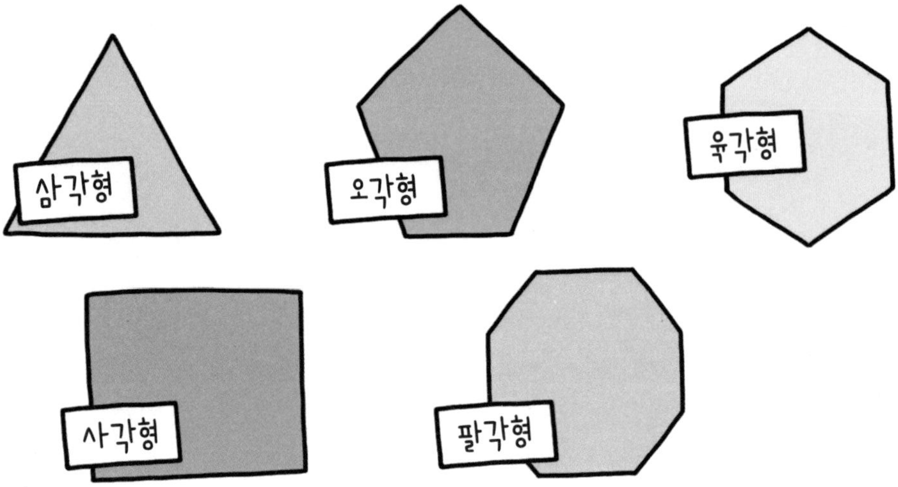

5

도형의 꼭짓점이나 변의 개수에 따라 도형의 이름을 다르게 불러.

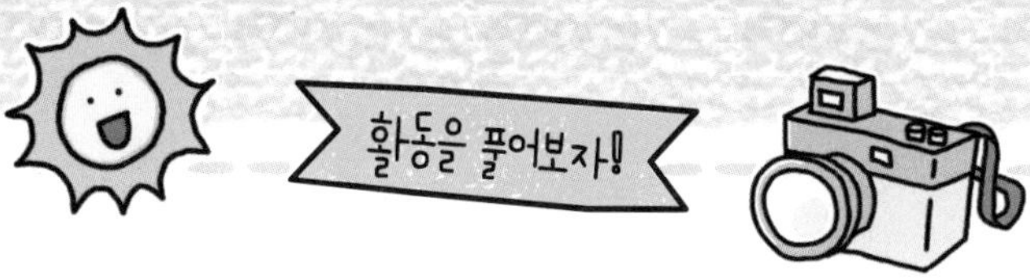
활동을 풀어보자!

활동1. 모눈종이를 이용하여 제시된 도형을 그려보자. 정답 127쪽

1. 삼각형

2. 사각형

3. 오각형

4. 육각형

활동2. 여기 다양한 도형들이 있어. 다음 중 팔각형은 어떤 것일까?

❶ 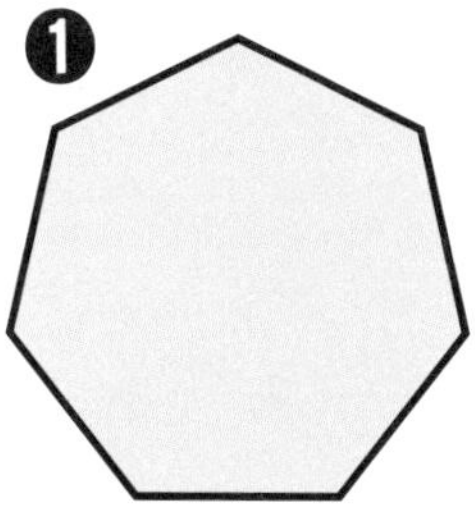

❷ 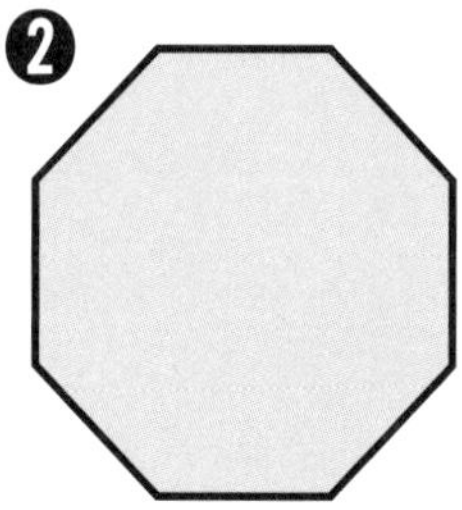

❸ 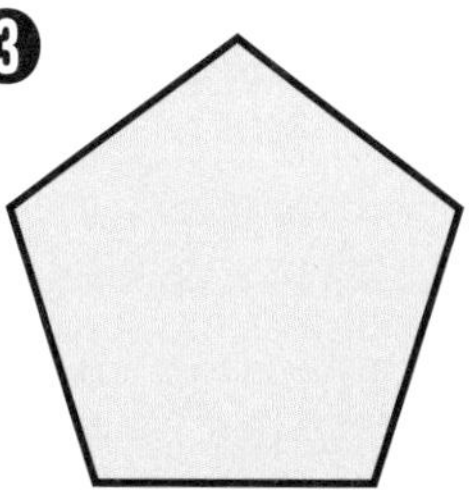

꼭짓점의
수가 8개인
도형이야!

답 ____________

활동3. 장난감 조각 중 사각형인 것을 모두 골라보자. 정답 127쪽

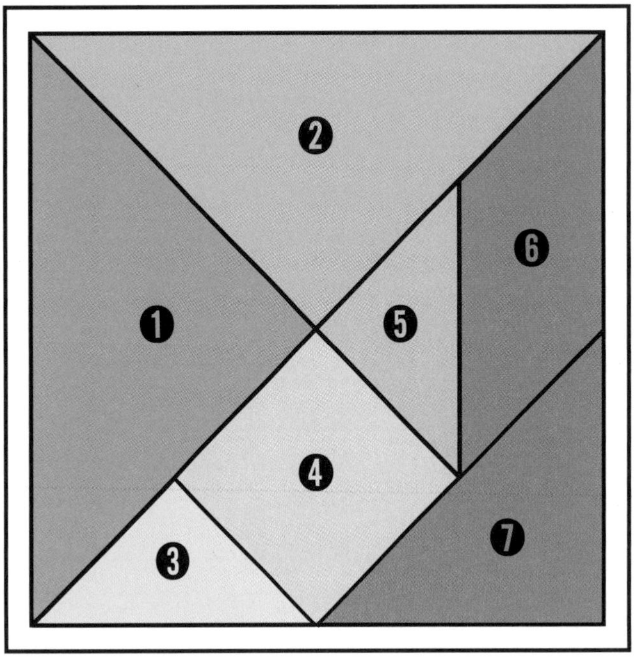

답 ______________

활동4. 종이에 있는 점 8개를 골라 팔각형을 만들어보자.

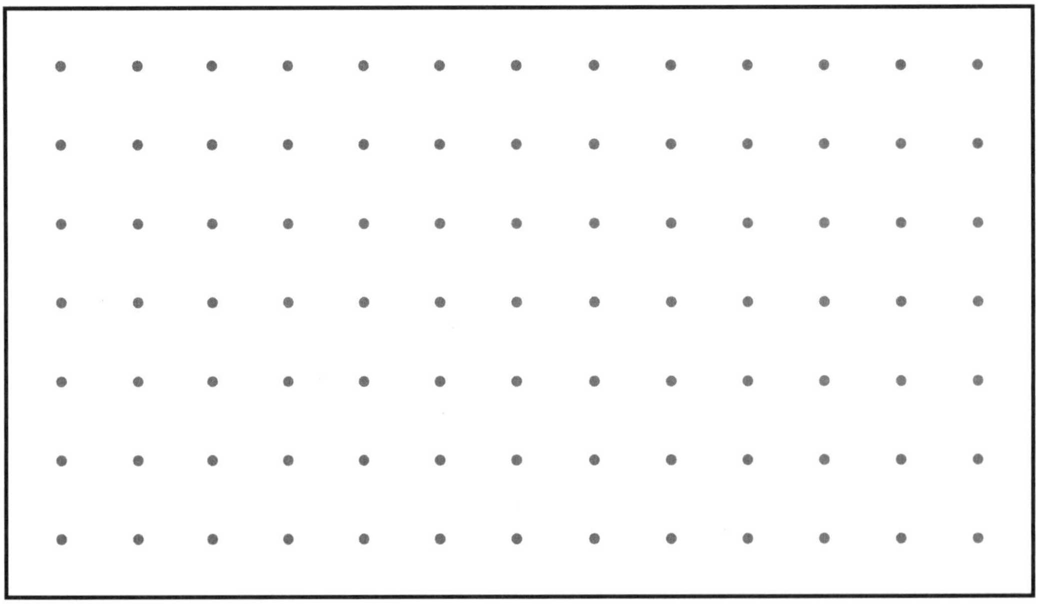

활동5. 주어진 블록을 모두 이용해서 삼각형을 만들어보자.

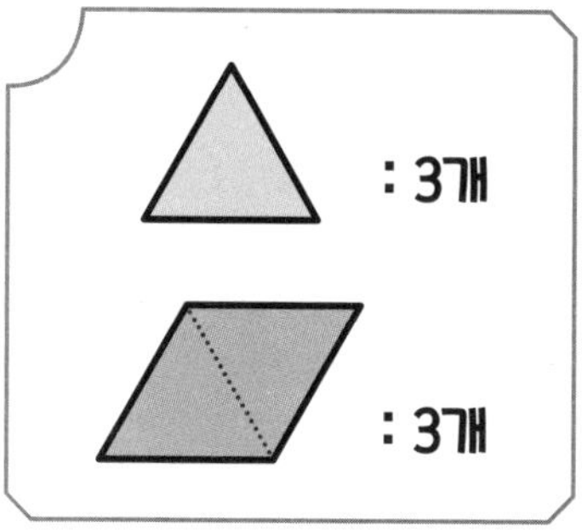

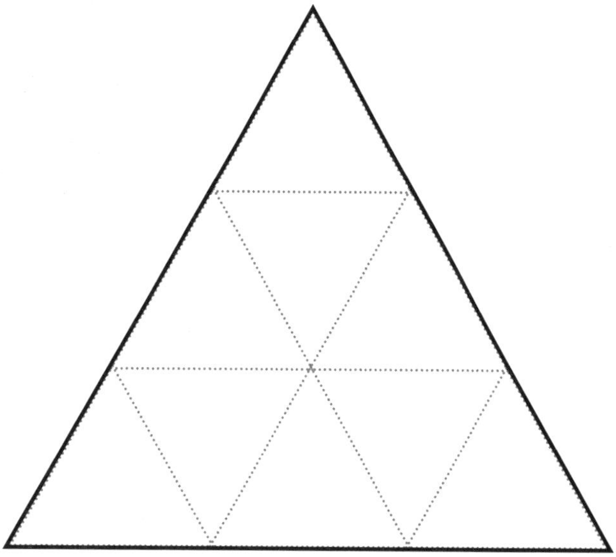

활동6. 주어진 블록을 모두 이용해서 사각형을 만들어보자.

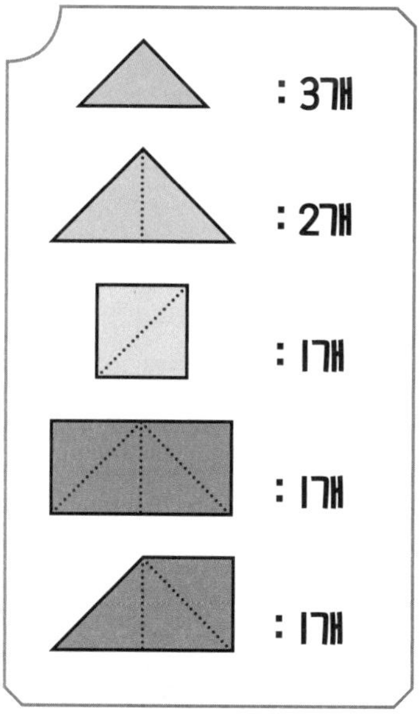

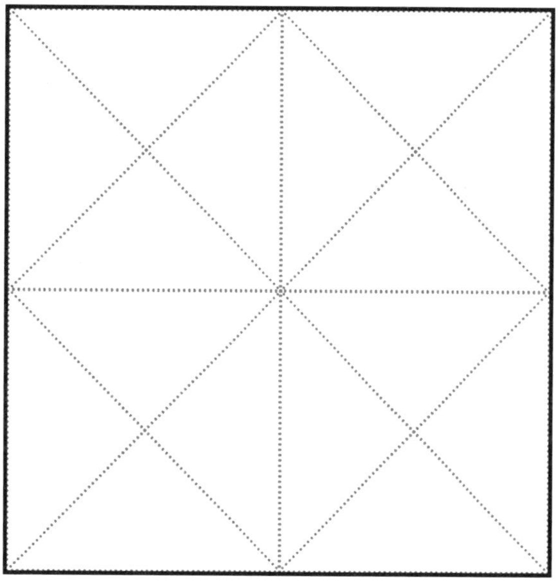

통합 : 꽃과 나무 심기

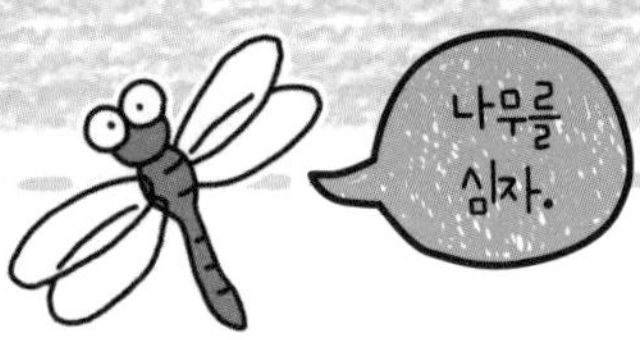
나무를 심자.

바르게 따라 써보자.

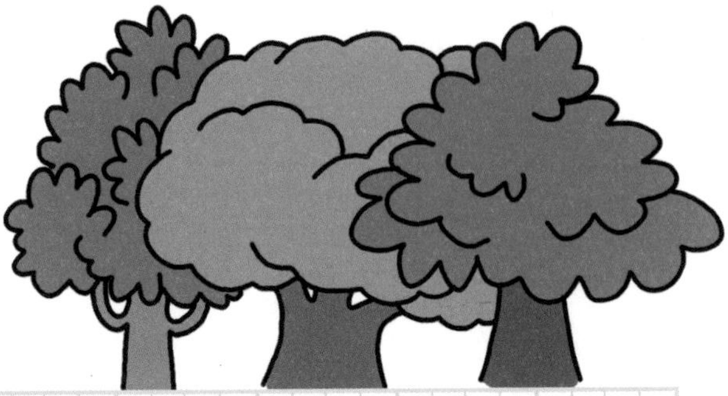

새 싹

1

봄에는 새싹이 돋고 꽃과 나무가 자라나.

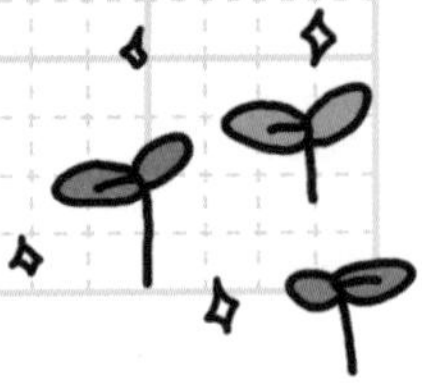

2

개나리는 봄이
되면 가장 먼저
꽃을 피우고

3

벚나무는 꽃잎을
예쁘게 떨어트려.

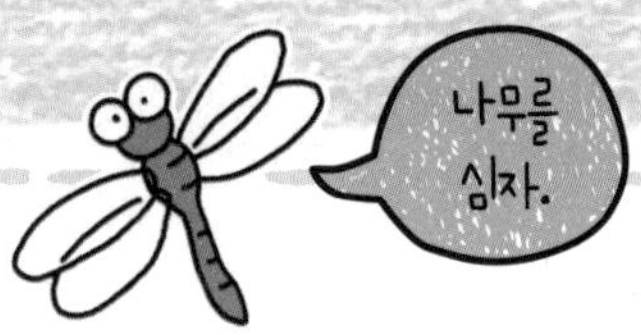
나무를
심자.

4

매년 4월 5일은 식목일인데,

식목일

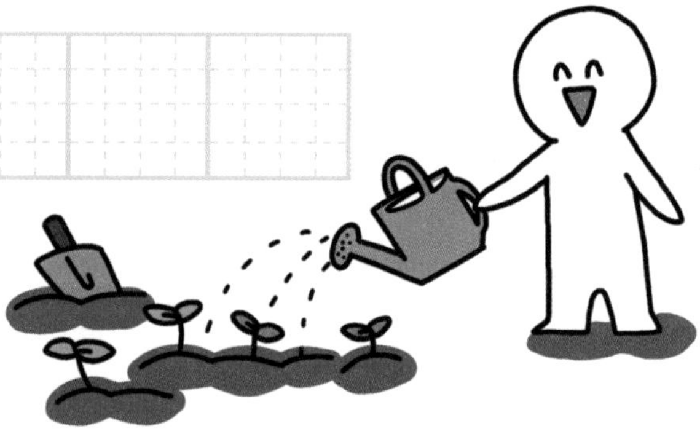

5

나무나 꽃을 심고 가꾸는 날이야.

6

이 번 식목일에는
어떤 꽃과 나무를
심어볼까?

국어 : 생각을 생생하게 나타내요

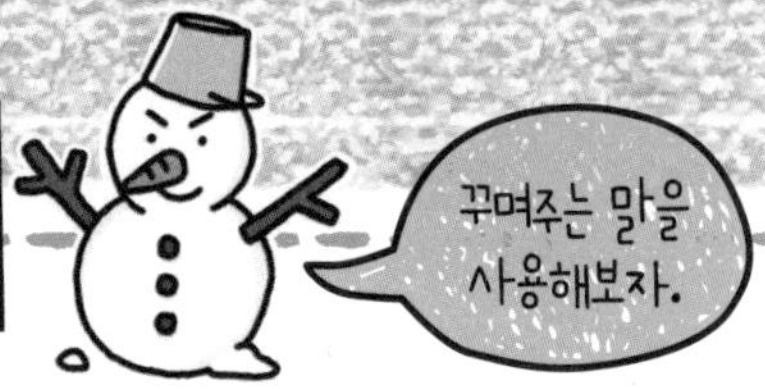
꾸며주는 말을
사용해보자.

바르게 따라 써보자.

강	아	지

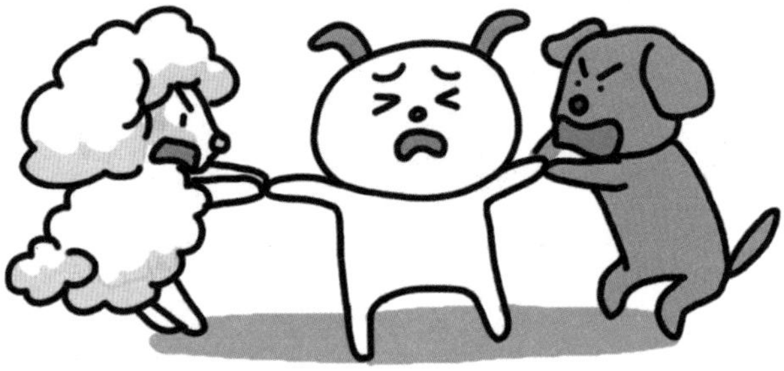

어	떤		강	아	지	?

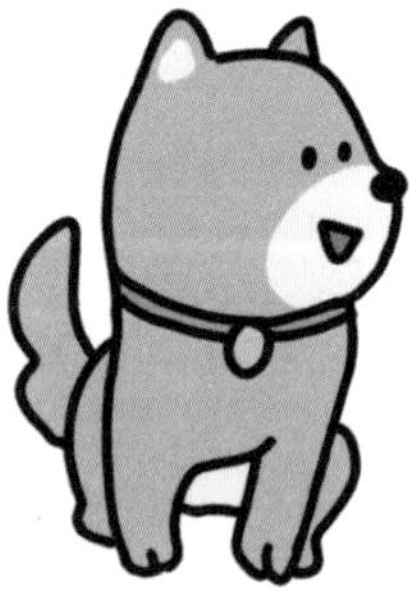

하	얀		강	아	지	.

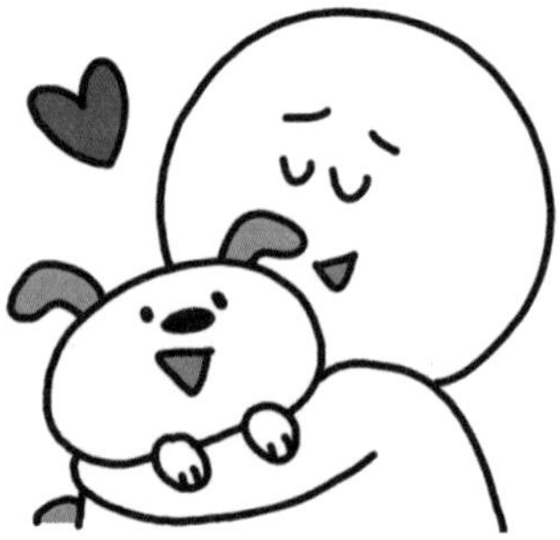

따라 써보자!

1

내가 생각하는 강아지와 친구가 생각하는 강아지는

2

아마 다른 모습일 거야.

내가 상상한 강아지를 친구에게 말해주지 않으면 어떤 강아지일지 모를 거야. 하얗고 귀여운 강아지라고 말이지!

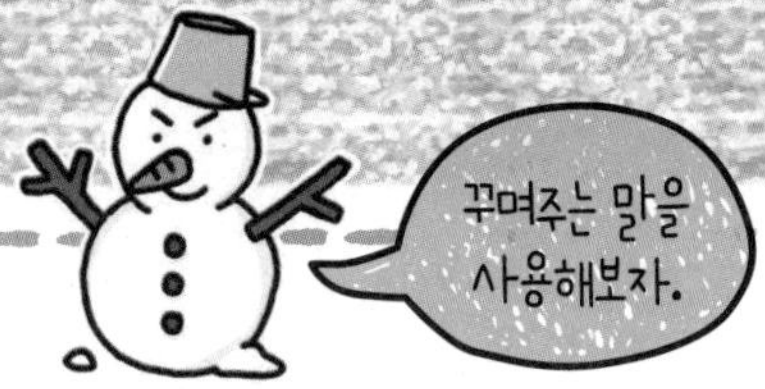
꾸며주는 말을
사용해보자.

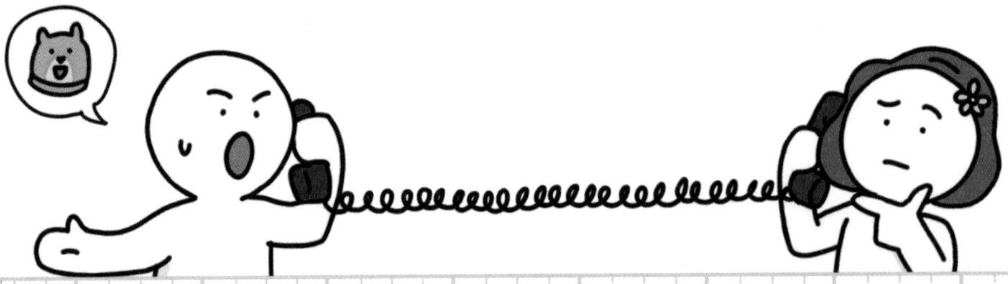

3

내가 생각하는 모습을 전달하려면

4

그림을 그리듯이 자세하게 설명해 주어야 해.

활동을 풀어보자!

활동1. 산책하다 강아지를 잃어버린 대한이의 설명을 듣고 전단지를 만들어보자.

우리 여름이는 작은 치와와야. 털은 민 것처럼 짧고 초콜릿 색인데, 입 주위와 배 쪽만 크림색이야. 귀는 항상 쫑긋 세운 모습에, 꼬리는 짧고 단단하게 생겼어. 그리고 목에 빨간색 목걸이가 있을 거야. 그 목걸이에는 동그라미 모양의 작은 인식표가 달려 있는데, 거기에 내 이름과 전화번호가 적혀 있어.

꼭 좀 찾아줘.

수학 : 길이 재기

여러 가지 물건의 길이를
비교해보자.

바르게 따라 써보자.

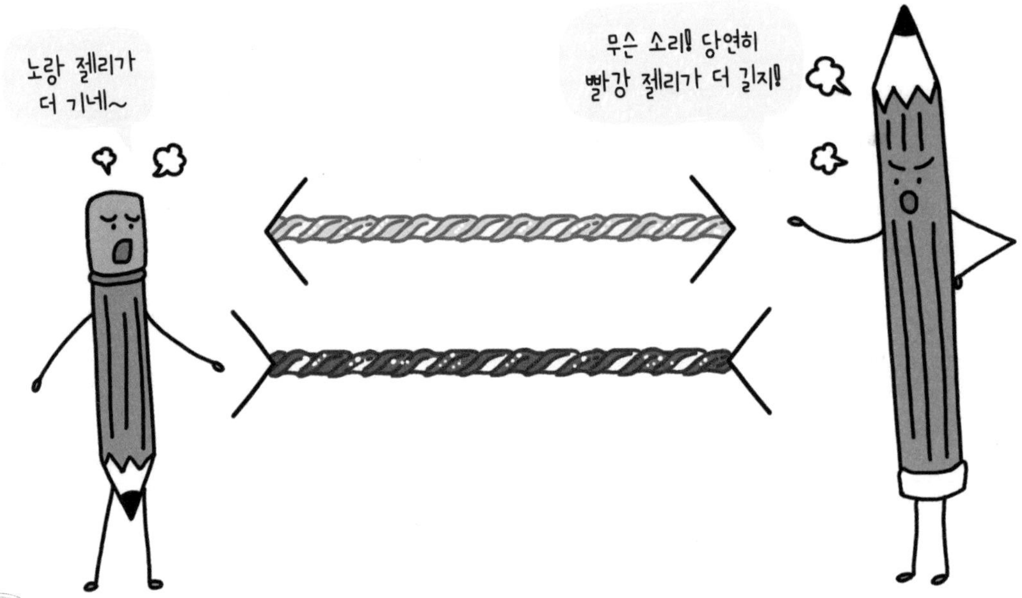
노랑 젤리가
더 기네~
무슨 소리! 당연히
빨강 젤리가 더 길지!

1

두 선 중에 어떤 것이 더 길까?

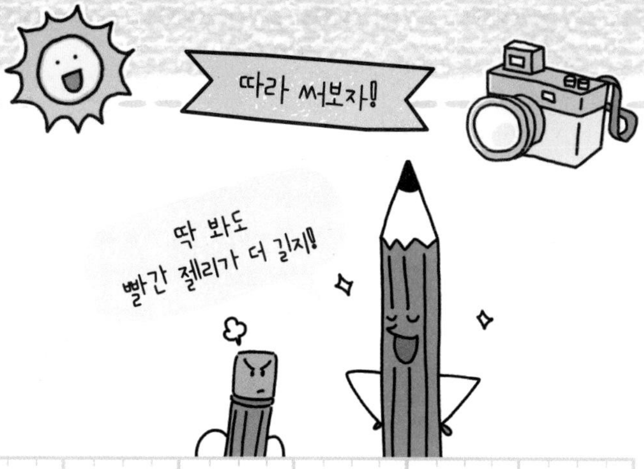
따라 써보자!
딱 봐도
빨간 젤리가 더 길지!

2

눈으로만 보아서는 정확히 알 수 없어.

3

길고 짧은 건 대봐야 아는 거야.

여러 가지 물건의 길이를 비교해보자.

지우개는 4cm (센티미터)
몽당연필은 3cm(센티미터)야!

자 자

4 자로 정확한 길이를 잴 수 있어.

5 우리가 가진 자에는 mm와 cm가 표시되어 있어.

6

그보다 더 긴 것을 잴 때는 m와 km 단위를 사용하기도 해.

활동1. 자의 눈금을 보고 연필의 길이를 써보자. 정답 127쪽

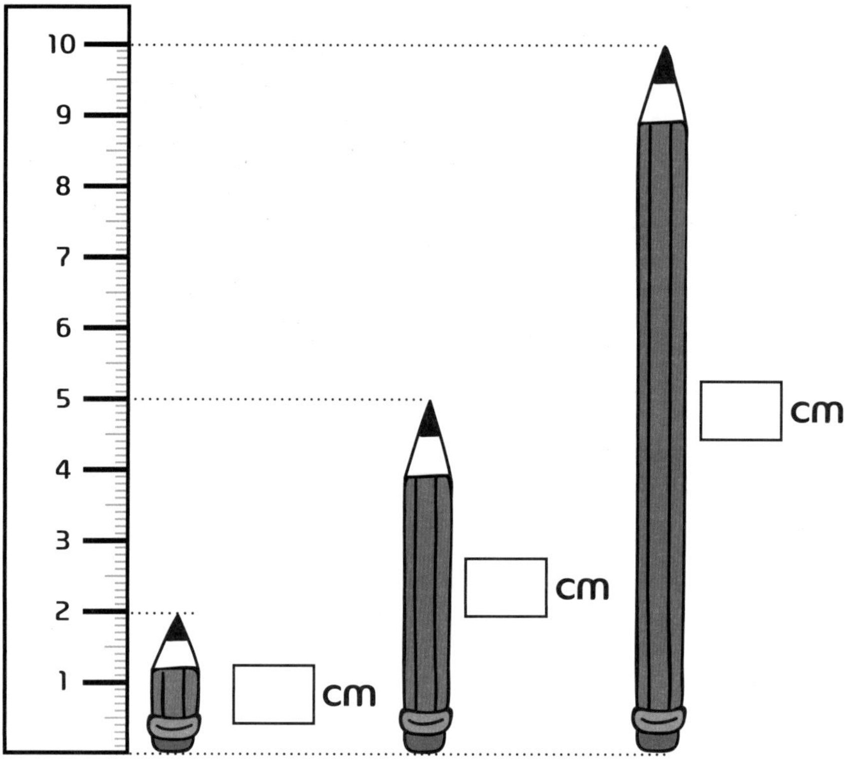

활동2. 길이가 같은 것끼리 선으로 이어보자.

100cm ●	● 1cm
10mm ●	● 1km
1,000m ●	● 1m

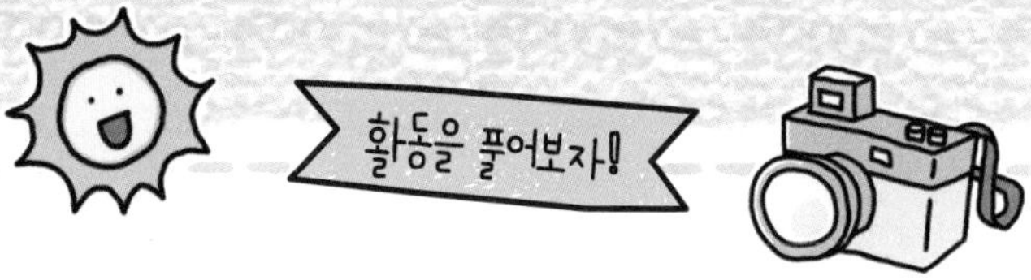
활동을 풀어보자!

활동3. 길이를 비교하면서 〉, =, 〈 를 알맞게 넣어보자.

1. 41mm ◯ 3cm

2. 150cm ◯ 15m

3. 9,000m ◯ 9km

4. 5,000mm ◯ 51m

활동4. 한 바퀴에 6m인 트랙이 있어.
토끼는 매일 아침에 2바퀴, 점심에는 1바퀴, 저녁에는 3바퀴를 뛰어.
그렇다면 토끼가 저녁에 뛰는 거리와 매일 뛰는 거리를 구해보자.

식 ______________________ 토끼가 저녁에 뛰는 거리: ______m

식 ______________________ 토끼가 매일 뛰는 거리: ______m

통합 : 모두 한 가족

다양한 가족의
형태를 살펴보자.

바르게 따라 써보자.

1

우리 집에는 아빠,
엄마, 나, 그리고
동생이 있어.

2

우리는 가족이야.

따라 써보자!

3

가족의 형태는 다양해.

형태
사물의 생김새나 모양을 의미해.

4

우리처럼 아빠, 엄마와 함께 살면 핵가족이라고 불러.

다양한 가족의 형태를 살펴보자.

5

할머니, 할아버지도 함께 사는 대가족이 있는가 하면

6

피부색이 다른 다문화가족도 있고,

다문화가족

다문화가족은 서로 다른 국적이나 인종, 문화를 지닌 사람들로 구성된 가족을 말해.

따라 써보자!

7 엄마, 아빠 중 한 분과 아이가 함께 사는 한부모가족도 있어.

한부모가족

부모님 중 한 분만 있는 집을
한부모가족이라 불러.

다양한 가족의
형태를 살펴보자.

8

모습은 다양해도 서로 사랑하는 마음은 다르지 않아.

9

가족이 있어서 우리는 오늘도 마음이 따듯해.

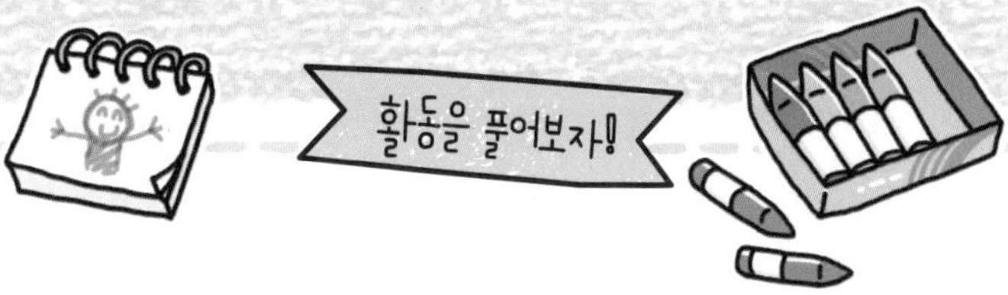
활동을 풀어보자!

활동1. 세상엔 다양한 사람들과 다양한 가족이 있어. 우리 가족만이 '가족'의 모습은 아니야. 우리 사회에 존재하는 다양한 가족의 모습을 살펴볼까?

엄마 & 아빠 & 아이

엄마 & 삼촌 & 아이

할머니/할아버지 & 아이

엄마 & 아이

나 & 반려견/반려묘

할머니 & 할아버지 & 엄마 & 아이

국어 : 감정을 나눠요

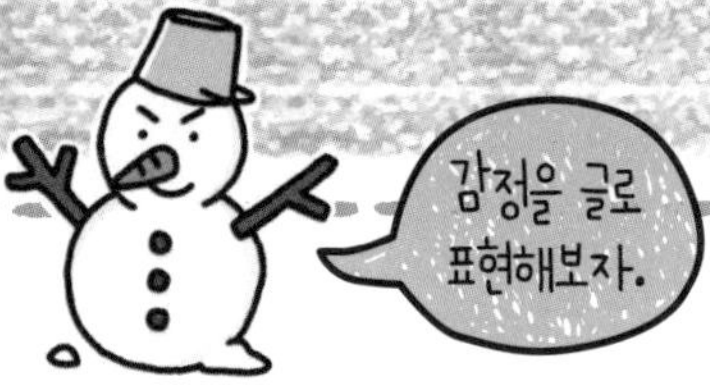

감정을 글로 표현해보자.

바르게 따라 써보자.

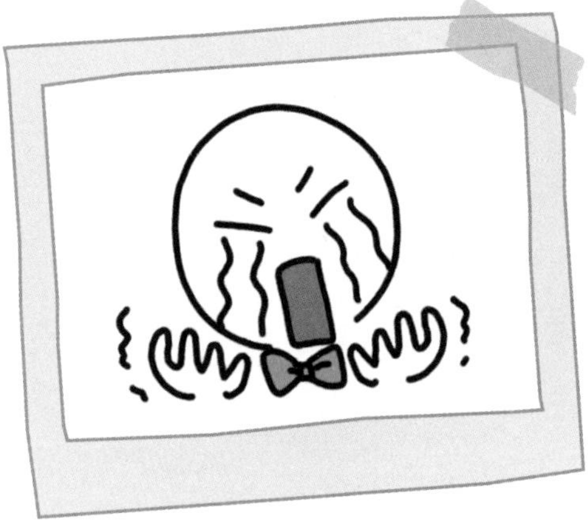

슬	프	다

시	무	룩	하	다

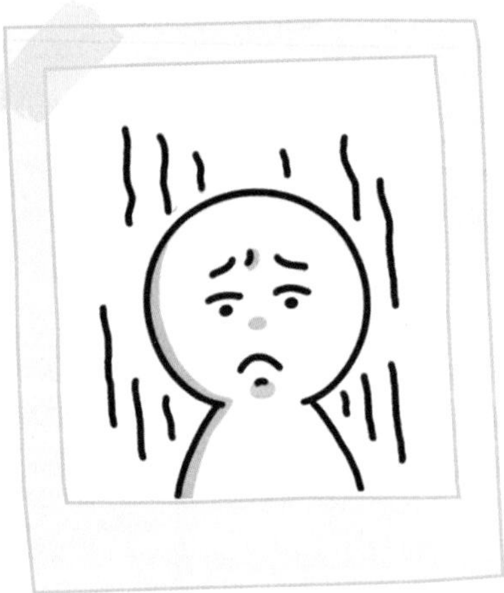

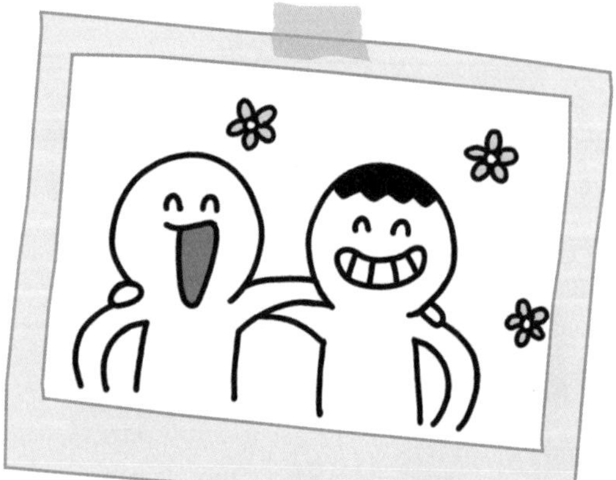

즐	겁	다

1

표정에는 감정이 드러나.

2

기쁠 때는 웃고, 화가 날 땐 찡그리지.

감정을 글로
표현해보자.

3

내가 느끼는 감정을 글로 전달할 수도 있어.

내 감정을 더 잘
알고 싶을 때
글을 써봐.
지금 느끼는 것들을
종이에 옮겨 적으면 돼.

감정

4

솔직한 글은 가끔
말보다 낫지.

우중충한 날씨처럼 내 마음에도 그림자가
드리워질 때 울적하다고 말해.

더는 필요한 게 없을 정도로
기분이 좋을 때 행복하다고 말해.

활동1. 느껴지는 감정을 솔직하게 편지로 써서 전달해보자.

편지쓰기 방법

1. 누구에게 편지를 쓸지 생각해보자.
2. 아래의 마음 단어 중, 표현하고 싶은 다섯 가지를 골라.
3. 다섯 가지 마음 단어를 이용해 편지를 적어보자.

수학 : 곱셈

곱셈을
해보자.

숫자를 세어보자.

정답 128쪽

1. 풍선을 가진 아이는 ____ 명
2. 각자 들고 있는 풍선은 ____ 개
3. 손에 쥔 풍선은 모두 ____ 개

6+6+6+6

6 × 4 = 24

1

같은 수를 여러 번 더하는 계산법을 곱셈이라고 해.

2

6을 곱해서 나온 값을 6의 배수라고 하지.

따라 써보자!

30 X 6 = 180

2학년은
한 반에 30명씩,
총 6반이 있다.
그렇다면 2학년은
총 몇 명일까?

3

곱셈을 이용하면
많은 수도 쉽게
셀 수 있어.

곱셈을
해보자.

정답 128쪽

활동1. 곱셈구구의 각 단을 모두 외웠을 때 등장하지 않는 숫자에 동그라미 치자.

1. 곱셈구구 **2단** | 4, 6, 10, 12, 15, 18

2. 곱셈구구 **3단** | 6, 9, 12, 15, 19, 24

3. 곱셈구구 **7단** | 7, 14, 22, 35, 42, 56

활동2. 식을 계산하여 값이 같은 것끼리 서로 연결해보자.

6 × 2 = □ •	• 3 × 6 = □
2 × 9 = □ •	• 6 × 5 = □
5 × 6 = □ •	• 2 × 8 = □
4 × 4 = □ •	• 4 × 2 = □
1 × 8 = □ •	• 3 × 4 = □

활동을 풀어보자!

활동3. 사탕은 모두 몇 개인지 곱셈식으로 나타내어보자.

1.

3의 □ 배 →

3 × □ = □

2.

8의 □ 배 →

8 × □ = □

3.

5의 □ 배 →

5 × □ = □

활동4. 식과 답이 옳은 칸에만 색칠해보자.

6 × 2 = 14	5 × 6 = 30	8 × 1 = 9
9 × 3 = 27	4 × 4 = 12	7 × 3 = 31
5 × 5 = 15	3 × 6 = 18	2 × 8 = 16
5 × 6 = 40	2 × 9 = 18	7 × 8 = 65

통합 : 곤충의 계절

곤충 친구를 만나자.

바르게 따라 써보자.

1

여름에 숲에 가면
여러 곤충 친구를
만날 수 있어.

따라 써보자!

거미

잠자리

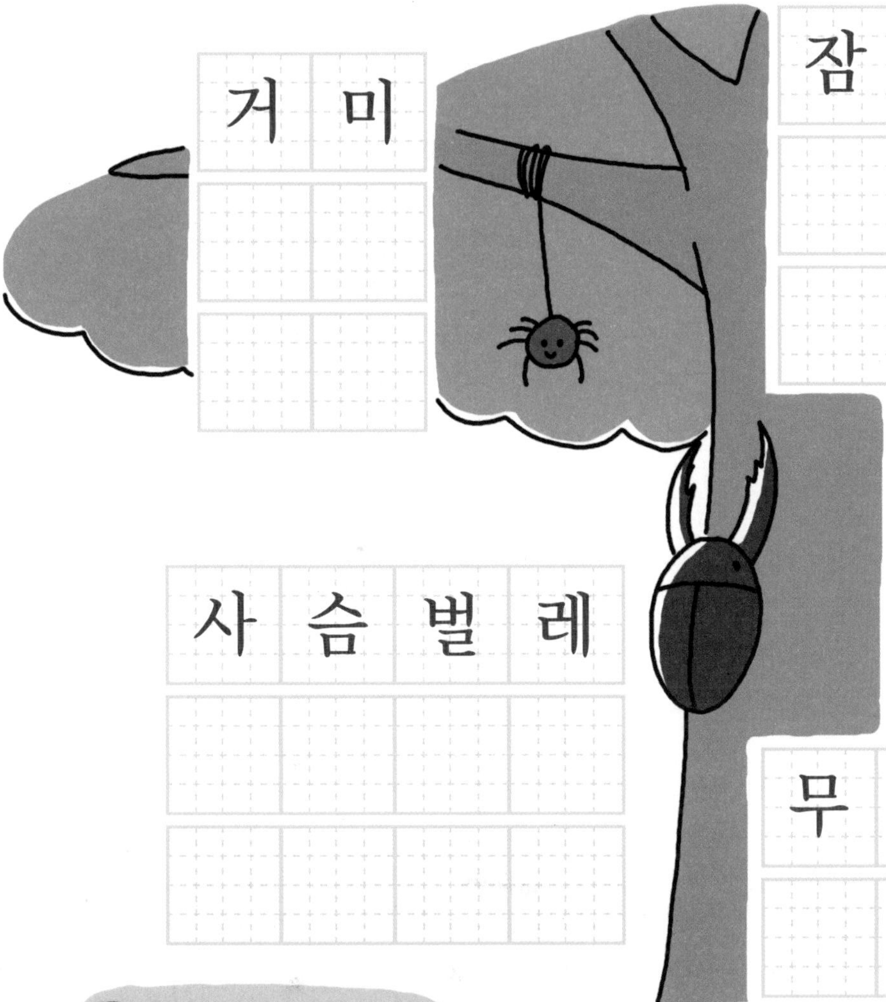

사슴벌레

무당벌레

개미

2

누에나 딱정벌레처럼 이로운 곤충들도 있지만

3

모기나 파리처럼 사람에게 해를 끼치는 해충들도 많으니까 조심해야 해.

2 학기

국어 : 장면을 떠올리며

장면을 떠올려보자.

소리 내어 읽어보자.

발명왕 우리 엄마

심소휘

배꼽시계 울리면
차려지는 뚝딱 밥상

엄마손 마술약손
아픈 배도 낳지요

엄마는 마술사
뭐든지 뚝딱뚝딱

청소기 돌리고
걸레질도 반짝반짝

우리들이 원하면
어디든지 가지요

엄마는
이름도 많아요
뚝딱 박사 마술 약손

1

시를 읽을 때는
장면을 떠올리며
읽는 게 좋아.

발명왕

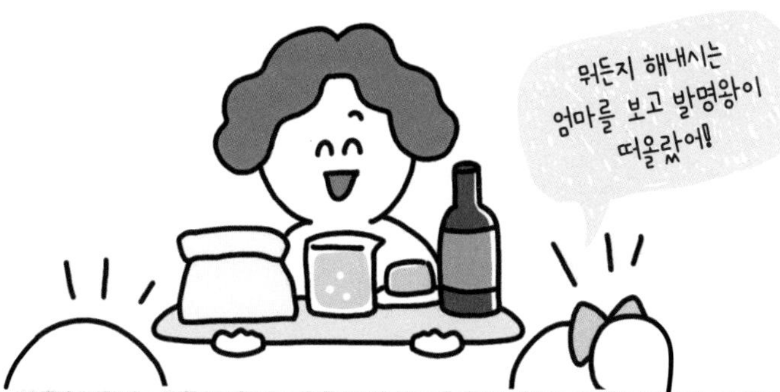
뭐든지 해내시는
엄마를 보고 발명왕이
떠올랐어!

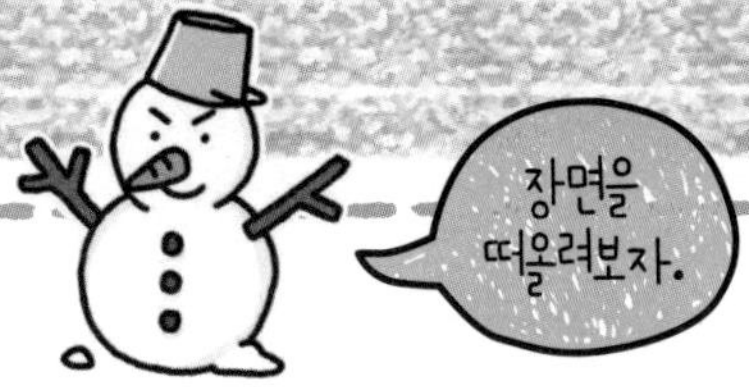
장면을
떠올려보자.

2

배꼽시계와 뚝딱 박사처럼

3

다른 대상에 빗대어 표현하는 것을 비유라고 해.

따라 써보자!

비 오는 날

최은정

똑똑 똑 문 두드리며
비님이 내려오신다

한 방울 두 방울씩
그러다가 우두둑

우산만
샤워하지요
네 덕분에 시원해

문		두	드	리	며

비	유				

비가 어떻게
문을 두드린다는 걸까?
비유법

장면을
떠올려보자.

활동1. '비 오는 날' 시를 읽고 떠오르는 장면을 그림으로 그려보자.

자신이 그린 장면에 대하여 설명해보자.

활동2. 비유적 표현이 사용된 문장을 맞혀보자. 정답 128쪽

나는 헤엄을 잘 친다.

사과는 동그랗다.

나는 학생이다.

나는 물고기처럼 헤엄친다.

사과 같은 내 얼굴.

나는 개미처럼 부지런하다.

활동3. 어떤 의미를 가진 문장인지 맞혀보자.

1.

다리가 젓가락 같다.

- 다리가 아프다.
- 다리가 가늘다.

2.

번개처럼 달리다.

- 재빠르게 달리다.
- 신나게 달리다.

3.

손이 얼음장이다.

- 손이 두껍다.
- 손이 차갑다.

수학 : 네 자리 수

네 자리 수는 어떻게 셀까?

바르게 따라 써보자.

천의 자리

삼천!
천의 자리 수가 1일 때는 그냥 '천'이라 읽으면 돼.
3000

1

백이 10개 있으면 천이 되고,

100
10
1000

따라 써보자!

2

천이 10개 있으면 만이 되는 거야.

만의 자리

돈은 십의 자리부터
만의 자리까지
모두 있지!

우리가 받는
용돈을 생각하면
쉬워!

네 자리 수는
어떻게 셀까?

3

수는 항상 큰 자릿수부터 읽어 주면 돼.

활동1. **다음 네 자리 수를 읽어볼까?** 정답 128쪽

천의 자리
1234

답 천

활동을 풀어보자!

활동2. 다음 보기와 같은 규칙으로 뛰어 세기를 해서 빈칸에 알맞은 수를 써보자.

1702 - 2702 - 3702 - 4702 - 5702

1.	1062				
2.			3420		
3.					9802

활동3. 다음 그림을 보고 지폐와 동전을 알맞게 세어보자.

1.

답 ______________ 원

2.

답 ______________ 원

3.

답 ______________ 원

4.

답 ______________ 원

통합 : 동네 한 바퀴

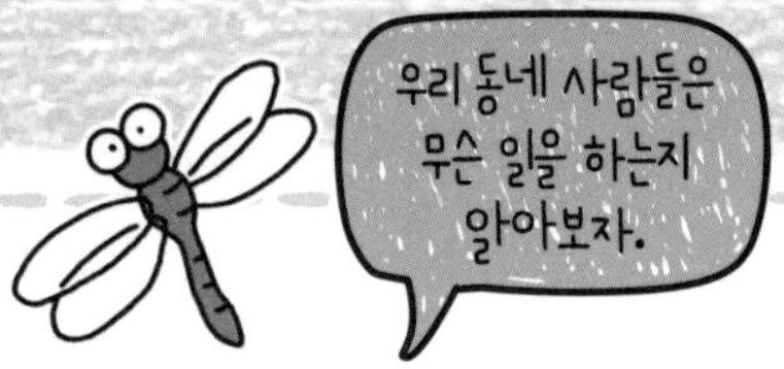
우리 동네 사람들은
무슨 일을 하는지
알아보자.

바르게 따라 써보자.

바리스타

소방관

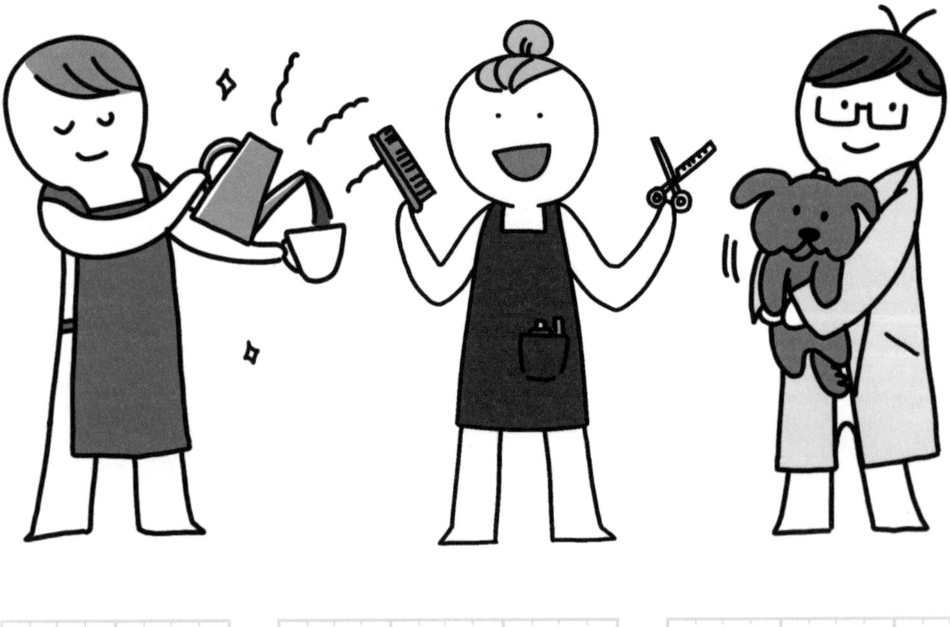

상인

미용사

수의사

따라 써보자!

1

세상에는 다양한 직업이 있어.

2

우리 동네만 봐도 알 수 있지.

우리 동네 사람들은
무슨 일을 하는지
알아보자.

3

모든 직업은 필요에 의해 존재해.

떡
SeeU
천재 약국

4

어떤 직업이든 존중해야 하지.

활동을 풀어보자!

활동1. **동네에는 다양한 가게와 다양한 사람들이 있어.**
우리 동네 가게를 소개하고, 동네 사람들이 하는 일을 적어볼까?

동네 병원

아픈 사람들을
치료해주는 곳이야.

국어 : 말의 재미를 찾아서

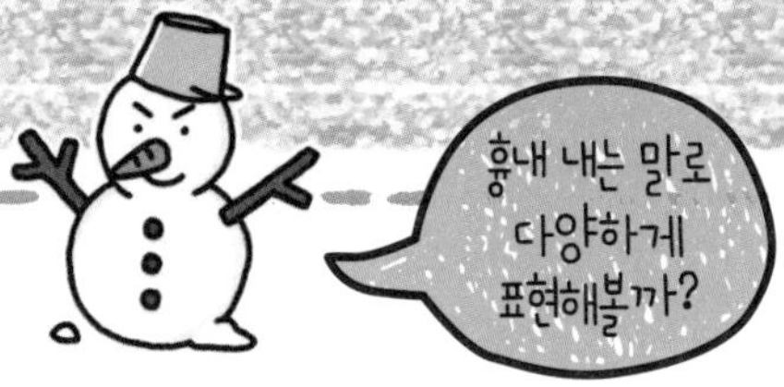
흉내 내는 말로
다양하게
표현해볼까?

바르게 따라 써보자.

주	렁	주	렁

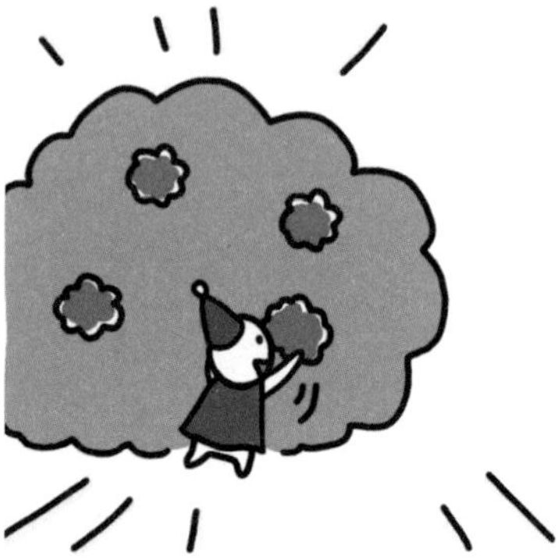

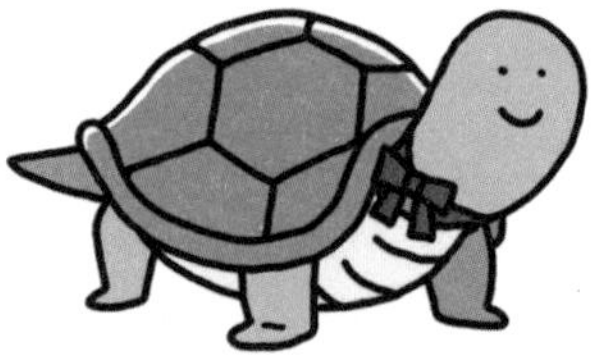

엉	금	엉	금

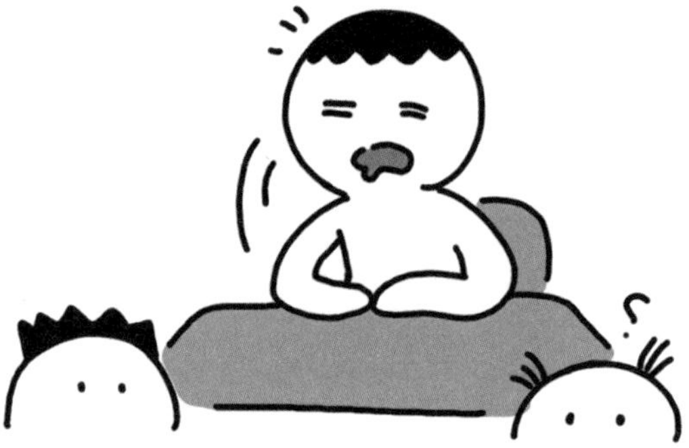

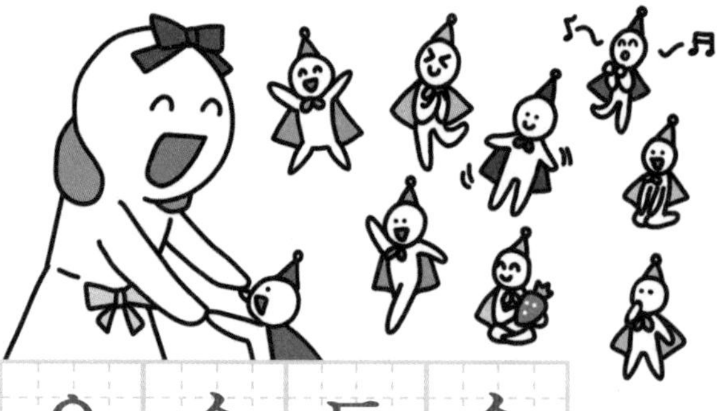

꾸	벅	꾸	벅

오	순	도	순

1

바람이 산들산들
불어 깃발이 펄
럭펄럭 날리네.

산들산들

펄럭펄럭

흉내 내는 말

흉내 내는 말이란 사람이나 사물의 소리, 모습을 나타내는 말이야. 그래서 흉내 내는 말이 들어가면 느낌을 생생하게 표현할 수 있어.

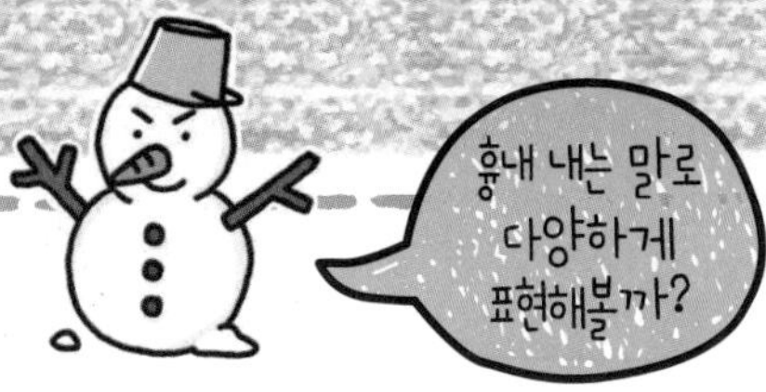
흉내 내는 말로
다양하게
표현해볼까?

2

흉내 내는 말은 느낌을 생생하게 표현해 줘.

깜짝

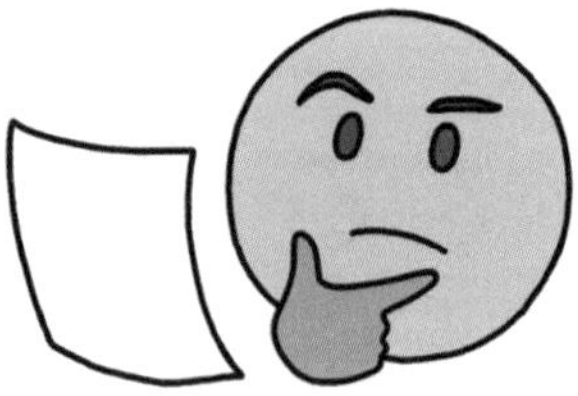

갸우뚱

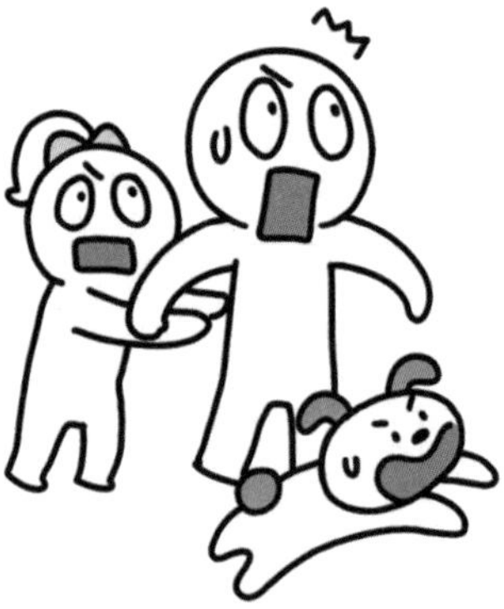

쿨쿨

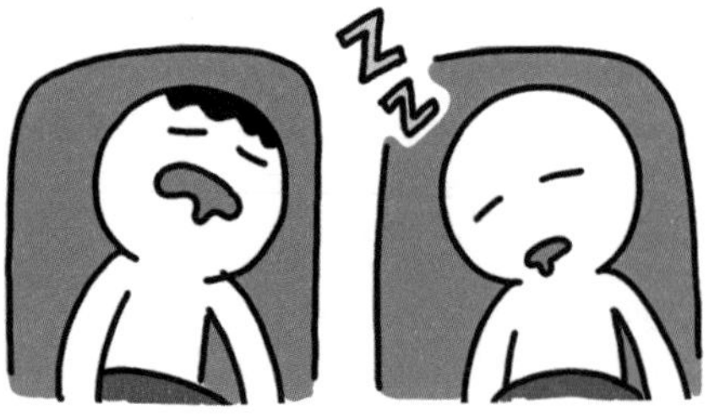

3

소리를 흉내 낸 말은 의성어,

4

모양이나 움직임을 흉내 낸 말은 의태어라고 불러.

활동1. 의성어는 의성어끼리, 의태어는 의태어끼리 선으로 묶어보자. 정답 129쪽

의성어 란 사람이나 사물의 소리를 흉내 낸 말을 뜻해. 예) 딸랑딸랑, 부르릉
의태어 란 사람이나 사물의 모양, 움직임을 흉내 낸 말을 뜻해. 예) 데굴데굴, 들썩들썩

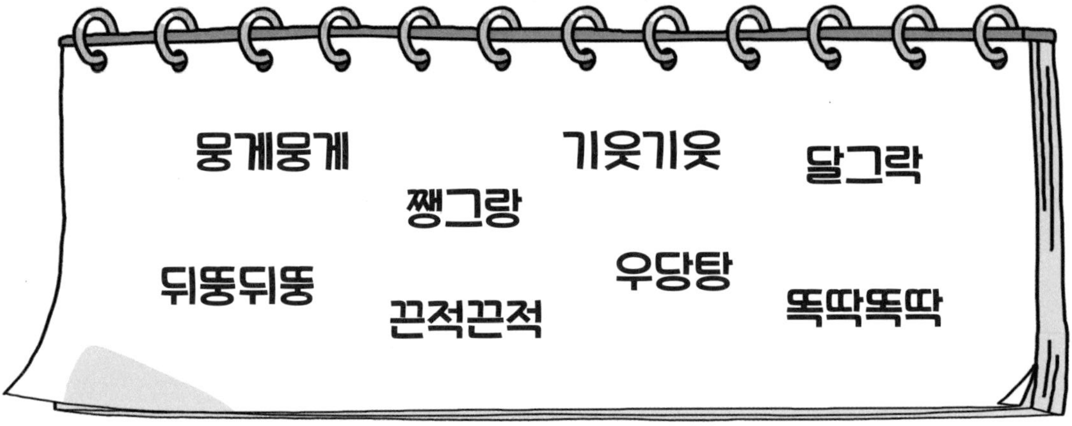

활동2. 주어진 의성 의태어를 보고 떠오르는 단어를 써보자.

1.

2.

3.

4.

활동을 풀어보자!

활동3. 보기에 있는 의성어, 의태어를 해당하는 신체 부위에 넣어보자.

보기

쿵쿵	지끈지끈	만지작만지작	콜록콜록
두근두근	또각또각	힐끔힐끔	꼬르륵

수학 : 시각과 시간

바르게 따라 써보자.

1

분침의 시간은 시침과 다르게 읽어.

2

분침이 1을 가리키면 5분, 2를 가리키면 10분이야.

두 시 이십오 분

2:25

다음 시간을 읽어보고
숫자로도 알아볼까?

네 시 사십오 분

4:45

활동1. 시침과 분침을 구분하고 몇 시, 몇 분인지 써보자. **정답** 129쪽

1.  ☐ 침

2.  ☐ 침

3. ☐ 시 ☐ 분

활동2. 시간을 보고 시계 안에 시침과 분침을 그려보자.

따라 써보자!

3

하루는 24시간,
1시간은 60분,

두 바퀴를 돌았더니
하루가 다 지났네.

4

1분은 60초로
이루어져 있어.

시계에는 시침과 분침
외에 초침도 있어.
초침이 시계를 한 바퀴
도는 데 걸리는 시간은
60초, 1분이야.

통합 : 가을아 어디 있니

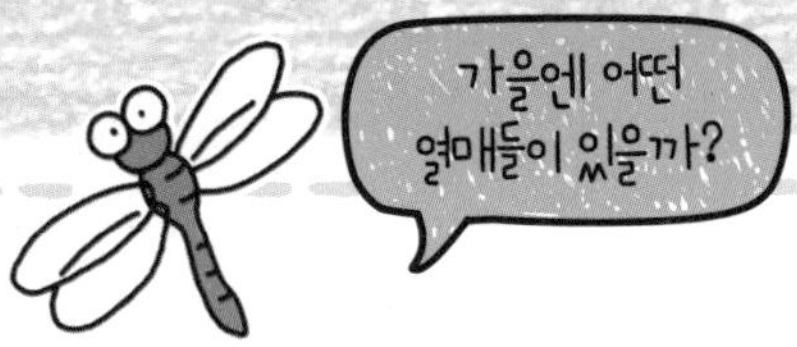
가을엔 어떤 열매들이 있을까?

바르게 따라 써보자.

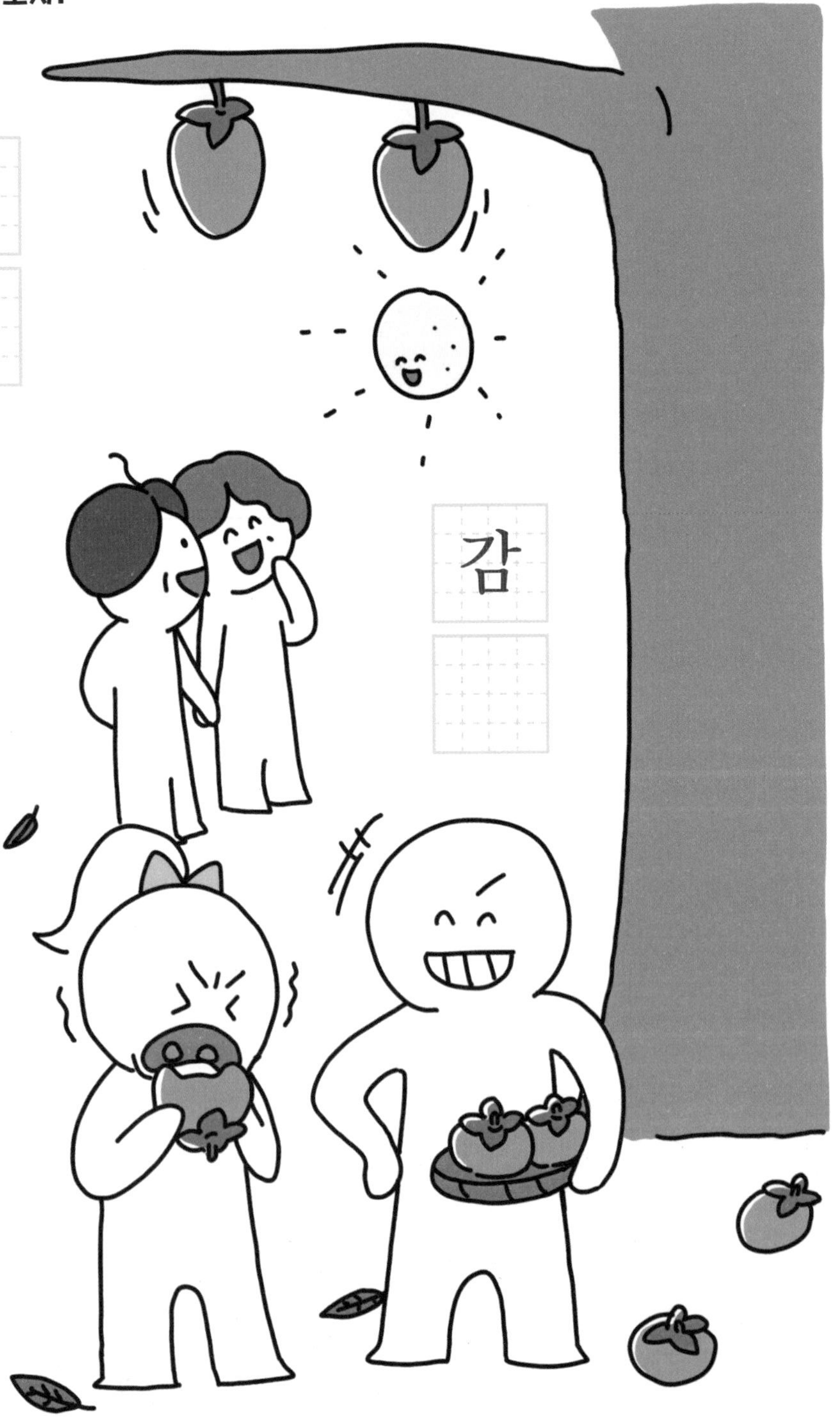

밤 배

대추

감

사과

은행

따라 써보자!

1

가을에는 먹을 수
있는 열매가 많아.

2

그 중 감은 덜 익
어서 떫을 수 있
으니 조심해야 해.

가을은 독서하기 좋은 계절!

3

가을은 독서의 계절이라고도 하지.

등화가친
서늘한 가을밤은 등불을 가까이 하여 글 읽기 좋음을 이르는 말이야. 가을은 독서의 계절이라는 말이 이 사자성어에서 유래됐지.

활동을 풀어보자!

활동1. **우리의 지식을 쌓아주는 책 한 권을 읽고, 독후감을 써보자.**

1. 사건이 일어난 순서대로 그림으로 그려보자!

기. 어떤 일이 있었어?

승. 그래서 어떻게 됐어?

전. 또 어떤 일이 생겼어?

결. 이야기는 어떻게 끝났어?

2. 정리한 내용을 바탕으로 독후감을 써보자!

제목

국어 : 간직하고 싶은 노래

어떻게 시와 노래를 만들 수 있을까?

바르게 따라 써보자.

1

겪은 일에 대한 생각이나 느낌이 잘 드러나게 표현해 볼까?

사소하다 생각한 주제로도 시를 쓸 수 있지. 친구 집에 놀러 간 기억으로도 시를 쓸 수 있어!

2

긴 문장은 행을 나누어 쓰고,

3

의태어와 의성어를 사용하면 리듬감을 만들 수 있어.

어떻게
시와 노래를
만들 수 있을까?

친구

그제는 알콩달콩

어제는 우당탕탕

의태어, 의성어를 사용하여 리듬감 주기!

놀다가 싸우다가

이야기도 안 한다.

토라진

문장이 길어지면 행 나누기!

친구마음을

어떻게 찾아오지.

내 감정을 솔직하게
드러내기!

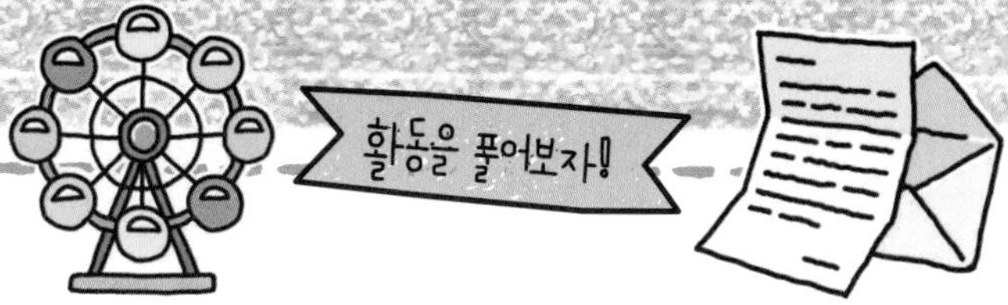
활동을 풀어보자!

활동1. '친구'처럼 내가 경험했던 일로 시나 노래를 만들어보자!

1. 보았던 걸 말해봐!

그림

글

2. 느낀 걸 말해봐!

3. 들었던 소리를 말해봐!

4. 말하고 싶은 걸 말해봐!

수학 : 표와 그래프

표와 그래프는
왜 만드는 걸까?

바르게 따라 써보자.

가로

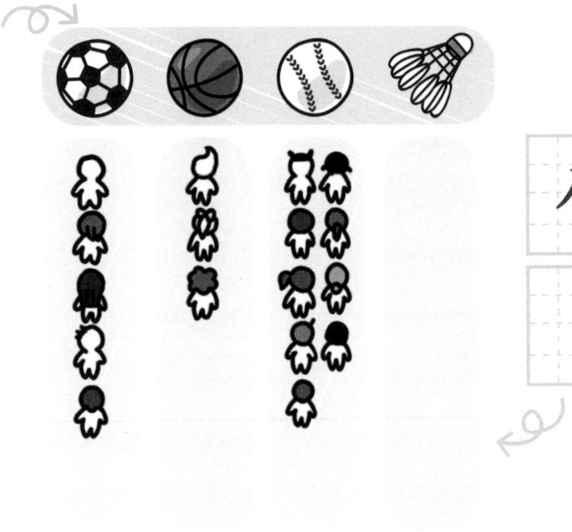

세로

1

표와 그래프는 정보를 알기 쉽게 표현한 거야.

2

표는 종류별 수와 전체 수를 알아보기 편리해.

정답 129쪽

스포츠 종목	축구	농구	야구	배드민턴	합계
학생 수	5				명

표와 그래프는 왜 만드는 걸까?

3

그래프는 가장 많은 수와 가장 적은 수를 한눈에 볼 수 있지.

앞서 만든 표로 그래프도 만들어볼까?
종목별로 사람 수만큼 칸을 칠하면 돼!

정답 129쪽

활동을 풀어보자!

활동1. 그림에 나와 있는 곤충의 수를 표와 그래프로 나타내보자. 정답 130쪽

표

곤충 종류	나비	개미	애벌레	꿀벌	합계
곤충 수	5				마리

그래프

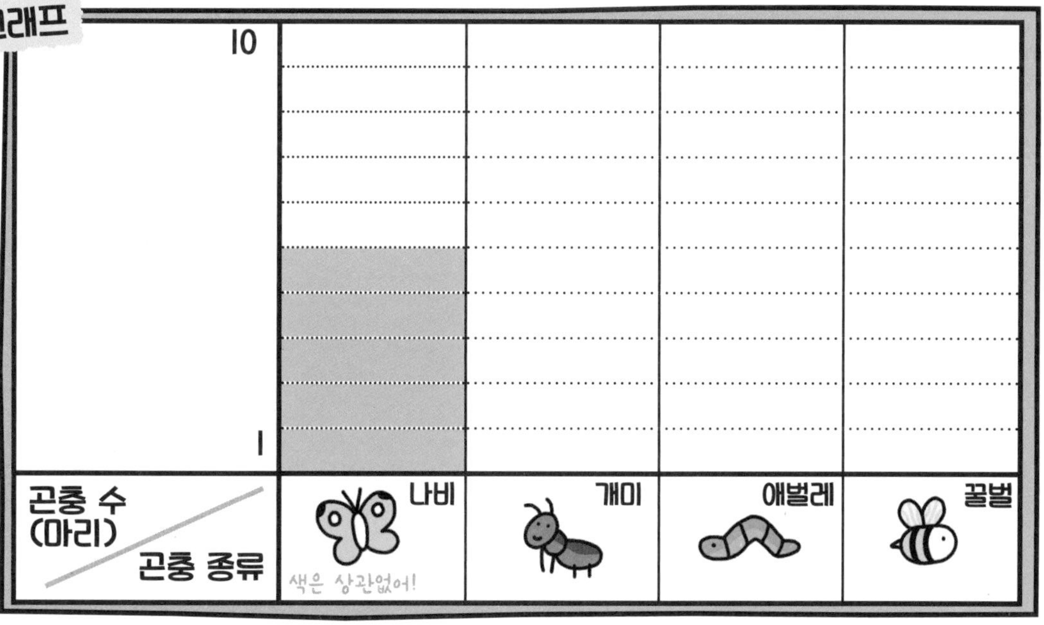

통합 : 두근두근 세계 여행

바르게 따라 써보자.

대	륙

북	아	메	리	카

남	아	메	리	카

유 럽

아 시 아

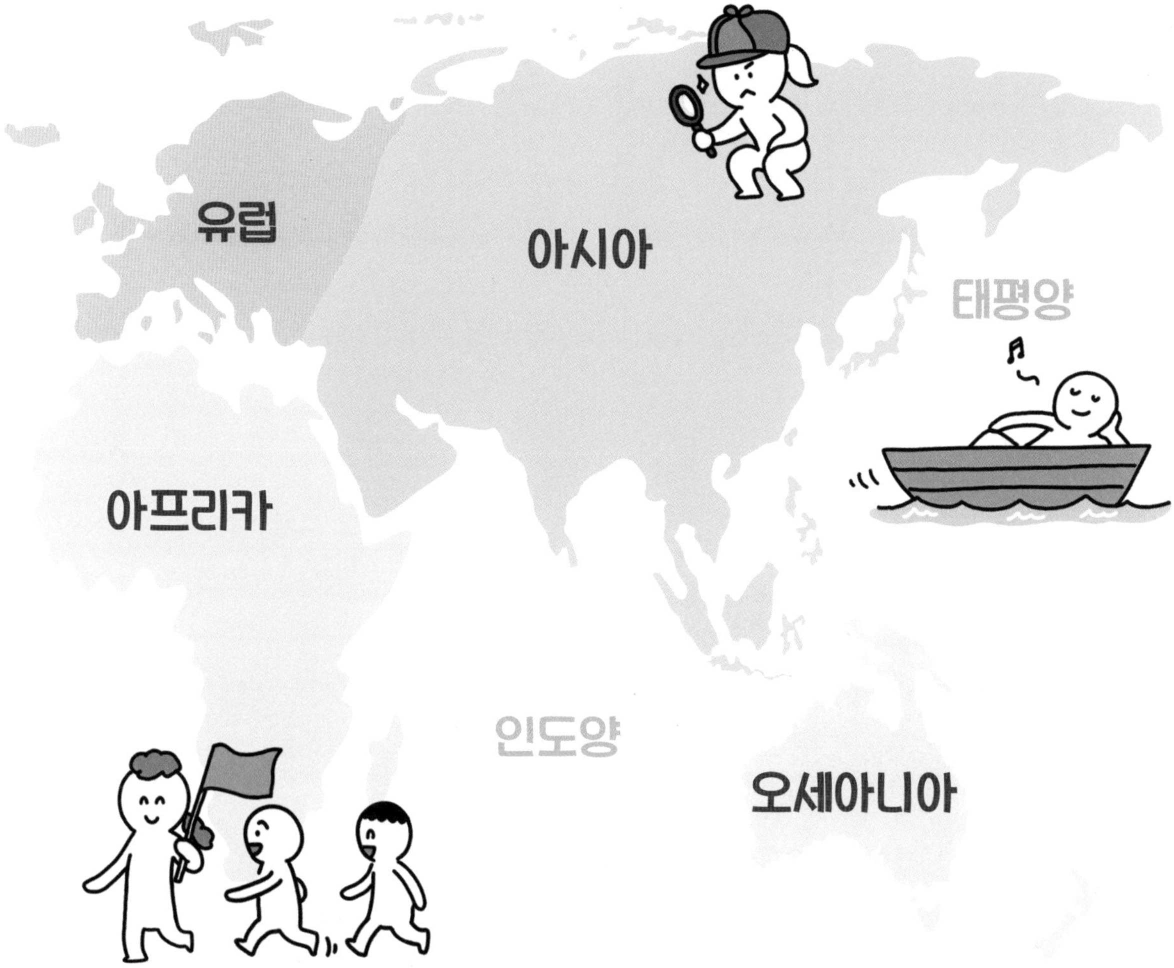

아 프 리 카

오 세 아 니 아

다른 나라 친구에게
인사를 건네자.

활동1. 많고 많은 나라 중에 알고 싶고, 가보고 싶은 나라는 어디야?
그 나라에 왜 가고 싶은지, 그 나라의 자랑거리는 무엇인지 소개해보자.

어떤 나라에 가고 싶어?

왜 가고 싶어?

자랑거리를 찾아 그림으로 나타내거나 사진을 붙이고, 설명해보자.

따라 써보자!

1

나와 다른 문화를
가진 친구들을 만
나면 존중할 줄
알아야 해.

인사말

2 먼저 각 나라 인사말부터 배워 보자.

안녕하세요

나마스떼

따라 써보자!

프랑스

일본

몽골

봉	주	흐

오	하	요

센	베	노

미국

하와이

중국

헬	로	우

알	로	하

니	하	오

국어 : 칭찬하는 말을 주고받아요

친구와 칭찬을 주고받자.

바르게 따라 써보자.

멋	지	다

친	절	하	다

날	렵	하	다

용	감	하	다

성	실	하	다

따라 써보자!

1 칭찬하는 말을 주고받으면 기분이 좋아지고,

2 친구들과 더 정답게 지낼 수 있어.

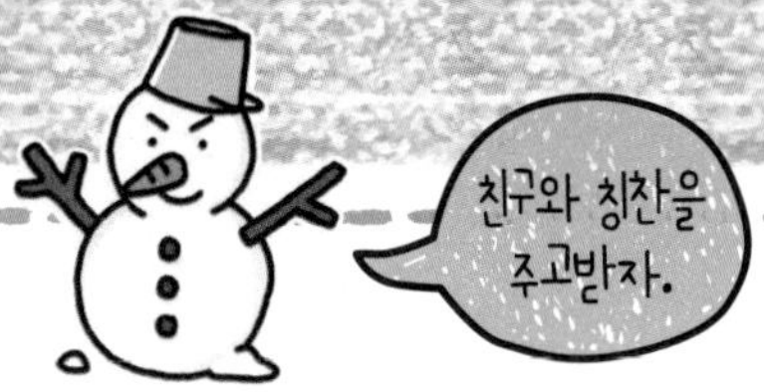
친구와 칭찬을
주고받자.

3

친구가 잘하는 점이나 노력하는 점을 찾아 칭찬하고,

4

칭찬을 받았다면 고마움을 표현하자.

활동을 풀어보자!

활동1. 글을 읽고 다음 질문에 답해보자!

정답 130쪽

가빈이는 생활력이 강해.
혼자서 동생들까지 돌보거든.
어서 오세요~
심지어 요리도 잘해. 우리 집 요리사보다 낫지 뭐야.
맛 어때?
공부도 게을리하지 않아. 일 마치고 밤 늦게 돌아와서 공부를 하지.
애들 자니까.. 불은 끄고..!
가빈아...
지금처럼
계속 친하게
지내줄래?!

1. 다음 중 금비가 가빈이에 대해 칭찬한 점이 아닌 건 뭘까?

① 요리를 잘하는 점　　② 부지런한 점

③ 책임감이 강한 점　　④ 달리기를 잘하는 점

2. 너라면 가빈이에게 어떤 칭찬을 해주고 싶어?

수학 : 규칙 찾기

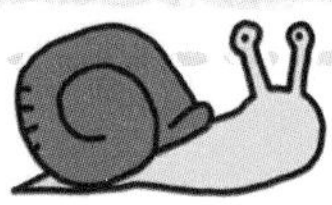
숨겨진 규칙을 찾아내자!

활동1. 숫자가 적힌 아홉 개의 칸이 있어. 빈칸을 모두 채워보자. 정답 130쪽

1	3	2
2		
3	2	1

무슨 규칙인지
알아내고야
말겠어!
모든 가로줄과 모든 세로줄에는
숫자 1, 2, 3이 한 번씩만
들어가야 한대.

1

가로로 더해도 6,
세로로 더해도 6.

활동2. 숫자가 적힌 아홉 개의 칸이 있어. 빈칸을 모두 채워보자.

1.

3		2
2		1
1		3

2.

	2	3
2		1
3	1	

3.

2		1
	2	
3		2

4.

2	1	3
		1
		2

5.

	3	
		3
3		1

6.

1		3
	1	
2		

숨겨진 규칙을 찾아내자!

2

같은 모양, 색, 숫자가 반복되는 것을 규칙이라고 해.

반복

규칙

반복
어떤 사물이나 수, 모양 등이 규칙적으로 되풀이되는 것을 말해.

규칙
여러 사람이 다 같이 지키기로 작정한 법칙을 말해.

따라 써보자!

3

2 다음 4,
4 다음 6,
그 다음에는
어떤 숫자가
올까?

숫자가 2씩 늘어나는 규칙이 보이지?
그럼 6 다음에 어떤 숫자가 나올지 예상할 수 있어.

활동3. 규칙을 찾아 빈칸에 들어갈 그림의 번호에 동그라미 치자. 정답 130쪽

활동4. 수 카드의 규칙을 찾아 빈 카드에 알맞은 수를 넣어보자.

1.

2	5	8	11	14	

2.

11	22	33	44	55	

3.

25	21	17	13	9	

4.

1	2	4	8	16	

활동5. 규칙에 따라 색칠해보자.

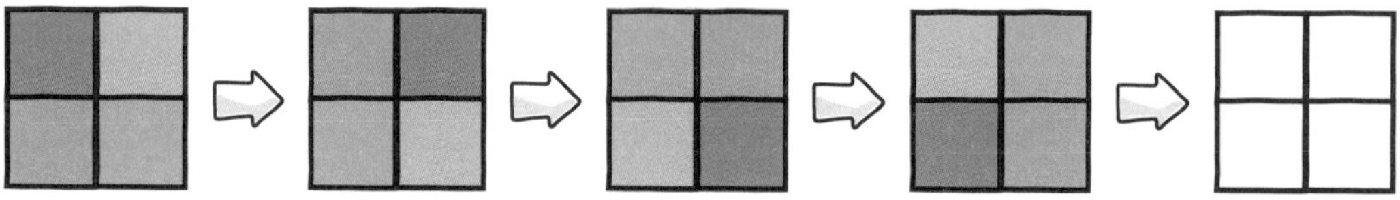

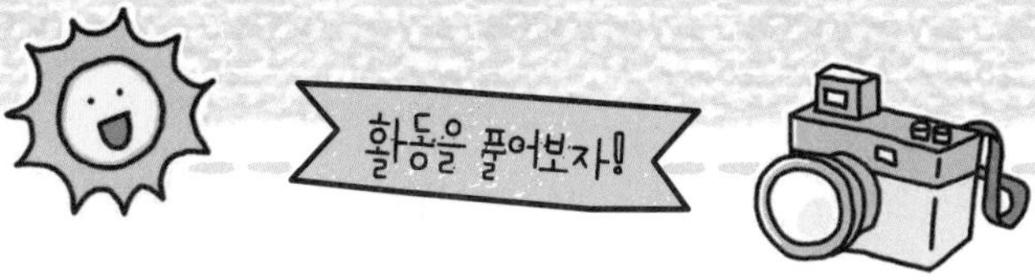

활동6. 과일과 채소 사이에 숨겨진 규칙을 찾아 빈칸에 들어갈 그림을 그려보자.

활동7. 규칙에 따라 테니스공을 늘어놓았어.
네 번째에 놓일 모양을 그려보자.

1.

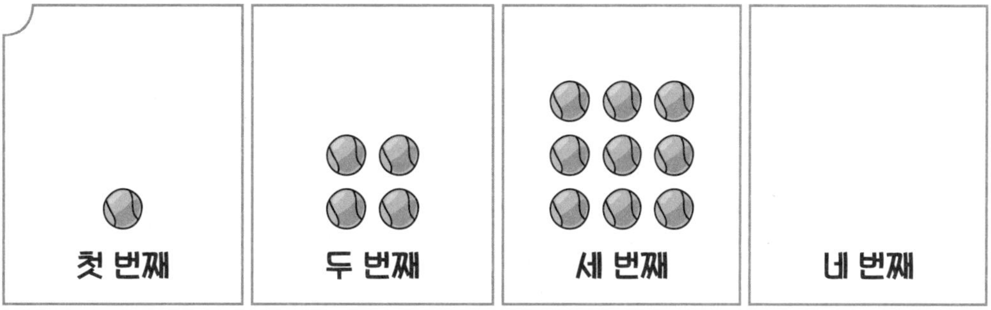

2.

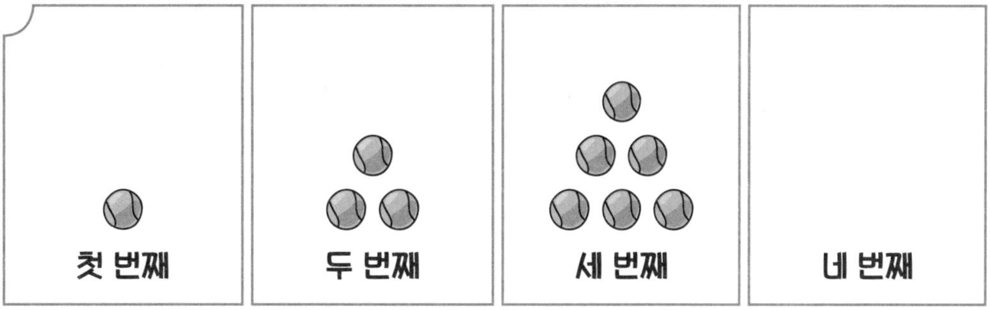

통합 : 겨울 탐정대의 친구 찾기

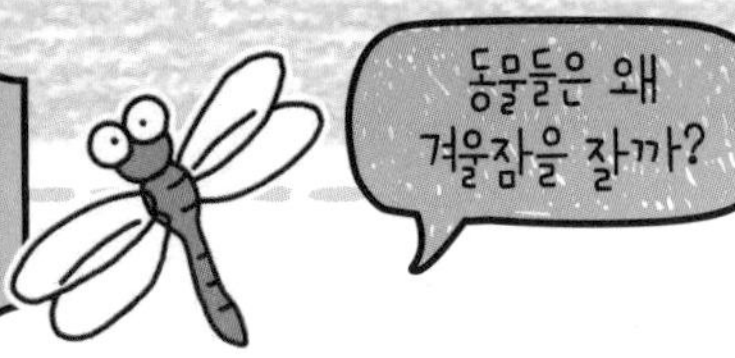
동물들은 왜
겨울잠을 잘까?

바르게 따라 써보자.

곰

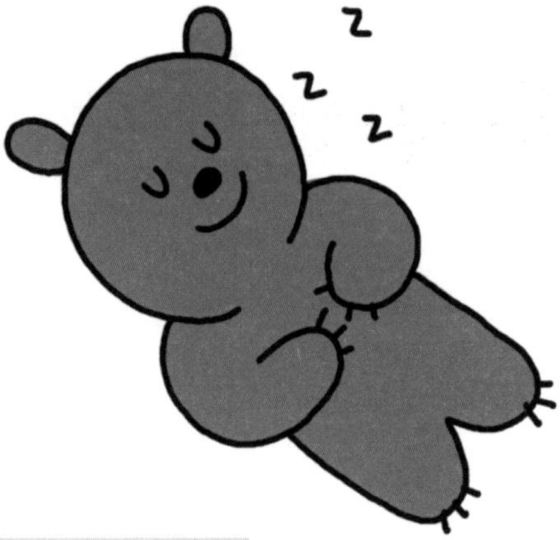

뱀

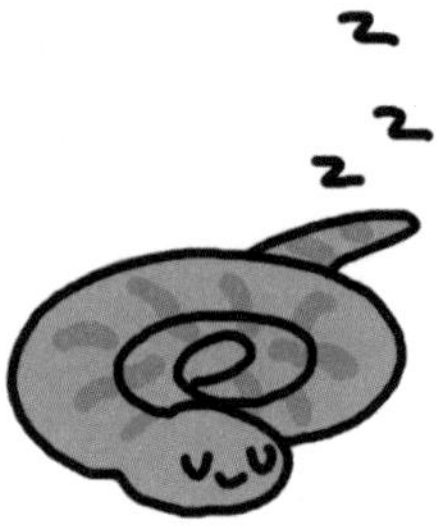

너구리

다람쥐

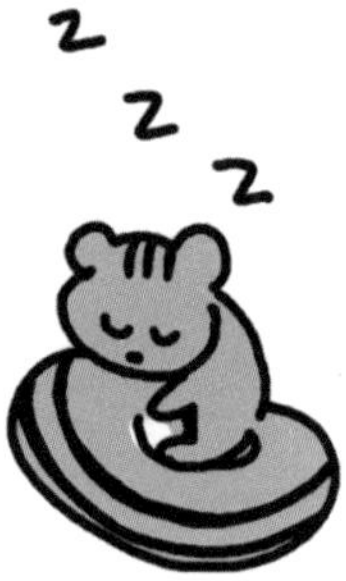

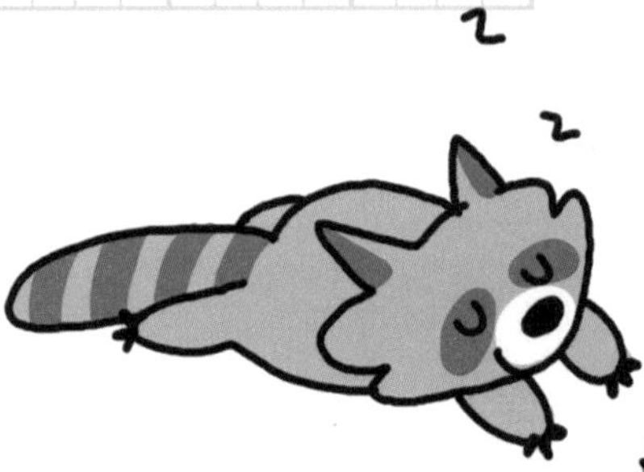

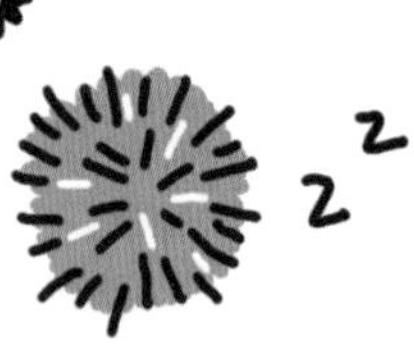

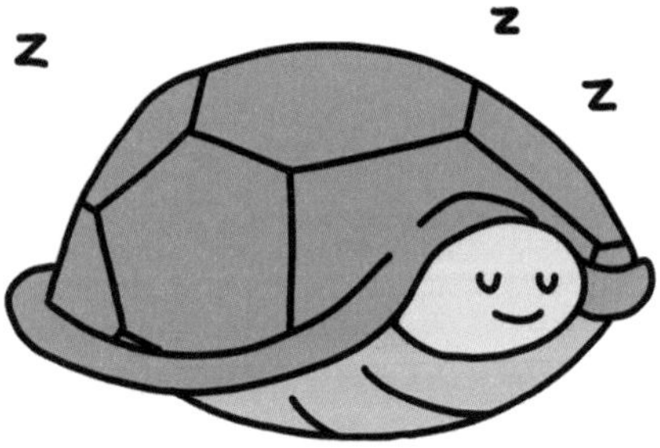

고슴도치

거북이

따라 써보자!

1

겨울이 되면 동물들은 추위와 배고픔을 견디려고 오랫동안 잠을 자.

2

하지만 모든 동물이 겨울잠을 자는 건 아니야.

호랑이

토끼

여우

사슴

따라 써보자!

3

동물들의 건강한 겨울나기를 위해 우리가 힘쓰자.

겨울에 잠을 자지 않는 동물들은
추위 속에 벌벌 떨면서 먹을 것을
찾아다니고 있어. 겨울잠을 안 자는
동물들에게 음식을 나눠주자.

동물들이 따뜻한 겨울을
보낼 수 있도록 집을 선물하자.

동물들 뿐만 아니라 식물들도 추위를 타.
겨울철에는 집 안으로 식물을 옮겨주자.

정답 및 해설

9p

활동1.

“ 개구리는 개구리야. ”

“ 왜 개구리가 개구리야 ? ”

"개구리는 개구리이기 때문이지 ! "

‘ 아하! 개구리는 개구리라서 개구리구나! ’

활동2.

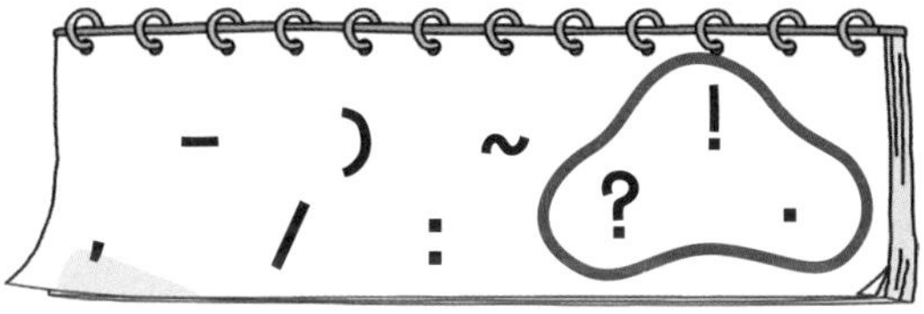

23p

활동1.

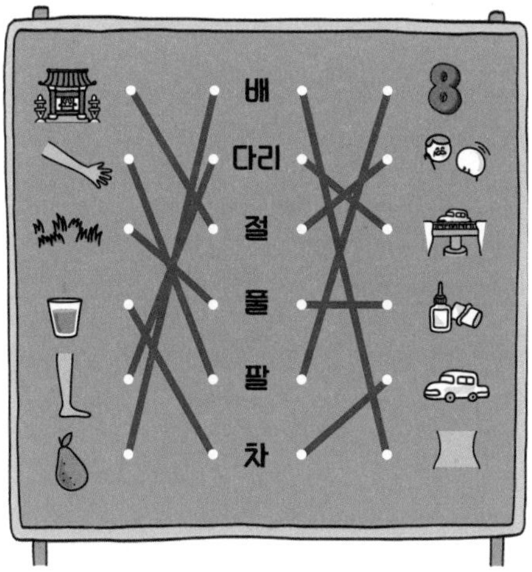

29p

활동2.

2

30p

활동3.

4, 6

31p 예시

활동5.

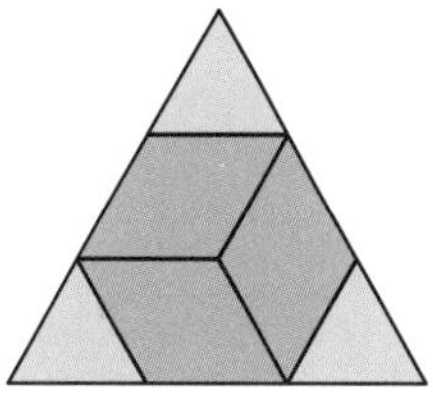

활동6.

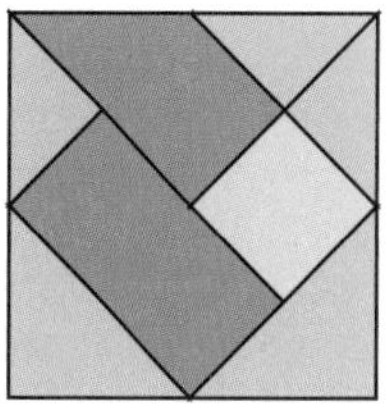

44p

활동1.

2, 5, 10

활동2.

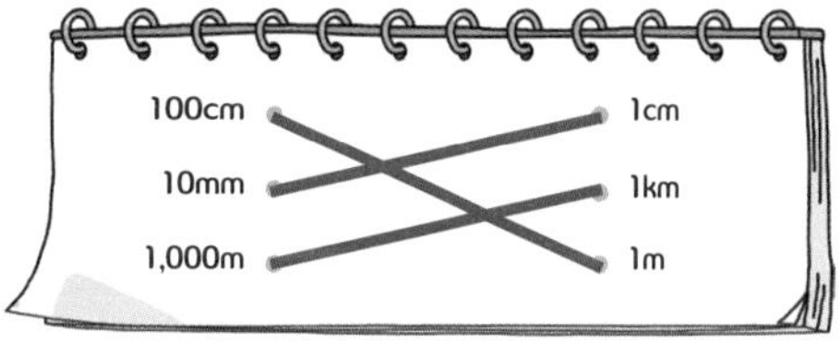

45p

활동3.

1. 〉　　2. 〈　　3. =　　4. 〈

활동4.

6+6+6=18 / 6X3=18

토끼가 저녁에 뛰는 거리: 18m

6+6+6+6+6+6=36 / 6X6=36

토끼가 매일 뛰는 거리: 36m

정답 및 해설

58p

1. 4

2. 6

3. 24

62p

활동1.

1. 15 **2.** 19 **3.** 22

활동2.

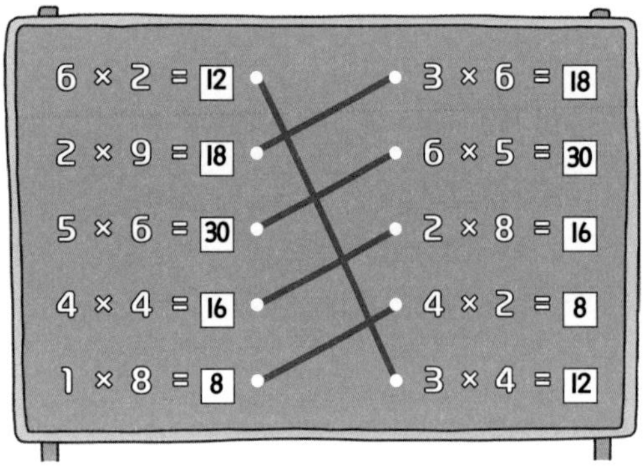

63p

활동3.

1. 3의 4배, 3×4=12

2. 8의 2배, 8×2=16

3. 5의 3배, 5×3=15

활동4.

6 × 2 = 14	5 × 6 = 30	8 × 1 = 9
9 × 3 = 27	4 × 4 = 12	7 × 3 = 31
5 × 5 = 15	3 × 6 = 18	2 × 8 = 16
5 × 6 = 40	2 × 9 = 18	7 × 8 = 65

75p

활동2.

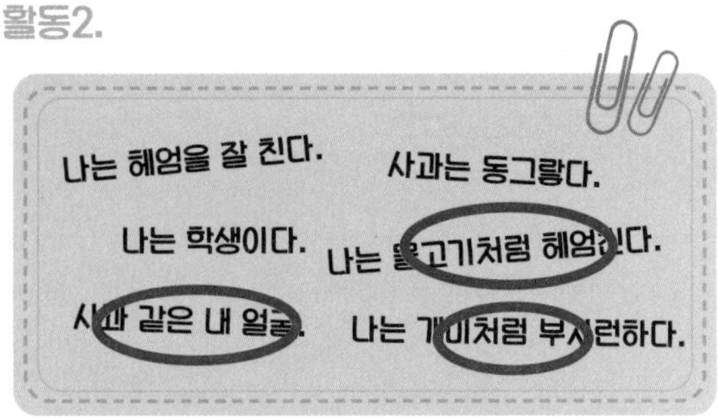

활동3.

1. 다리가 가늘다.

2. 재빠르게 달리다.

3. 손이 차갑다.

78p

활동1.

천이백삼십사

79p

활동2.

1. 2062, 3062, 4062, 5062

2. 1420, 2420, 4420, 5420

3. 5802, 6802, 7802, 8802

활동3.

1. 천오백 원 **2.** 만 삼천 원

3. 만 천백십 원 **4.** 오만 십 원

88p

활동1.

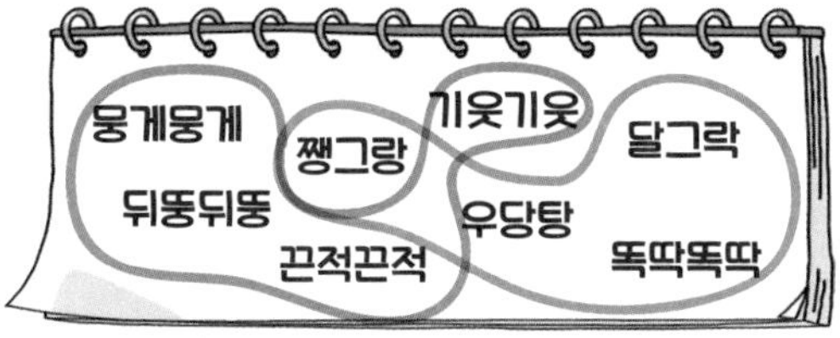

활동2. 예시

1. 물　2. 바람　3. 아기　4. 불

위의 답안은 문제로 주어진 의성 의태어의 본바탕이 되는 단어입니다. 그러므로 답안과 관련된 단어를 적었다면 모두 정답입니다. 예를 들어 1번에 개천, 물이 고인 웅덩이. 2번에 바람에 흩날리는 꽃잎, 머리카락, 혹은 바람을 타고 날아다니는 나비. 4번에 모닥불, 타오르는 눈빛. 이처럼 답안과 관련된 단어를 떠올리면서 적은 거라면 모두 정답입니다.

89p

활동3.

92p

활동1.

1. 시침
2. 분침
3. 4시 55분

활동2.

103p

스포츠	축구	농구	야구	배드민턴	합계
학생 수	5	3	9	0	17명

104p

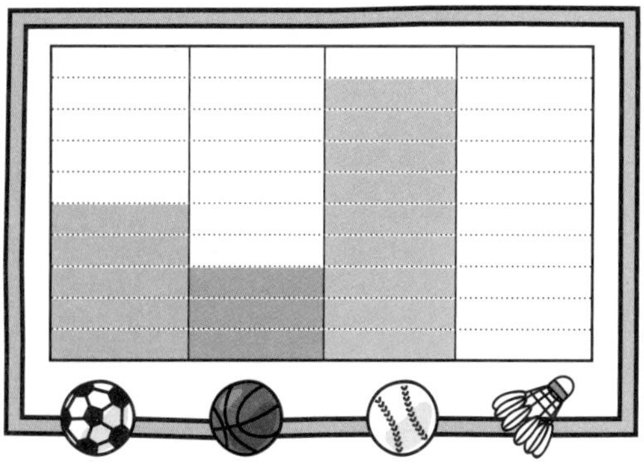

정답 및 해설

105p

활동1.

곤충 종류	나비	개미	애벌레	꿀벌	합계
곤충 수	5	3	8	6	22 마리

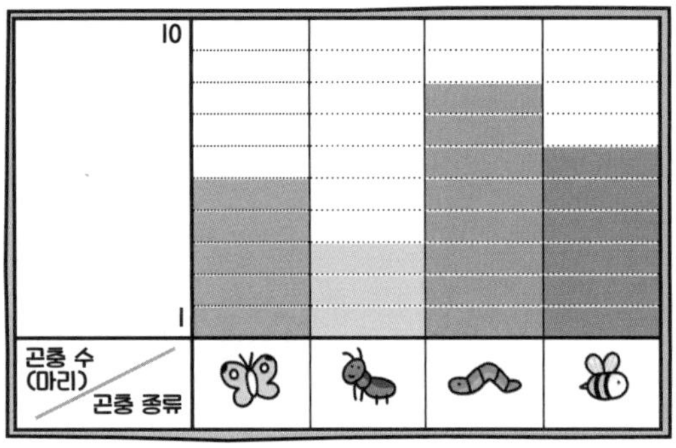

115p

활동1.

1. 4

116p

활동1.

117p

활동2.

1.

3	1	2
2	3	1
1	2	3

2.

1	2	3
2	3	1
3	1	2

3.

2	3	1
1	2	3
3	1	2

4.

2	1	3
3	2	1
1	3	2

5.

1	3	2
2	1	3
3	2	1

6.

1	2	3
3	1	2
2	3	1

120p

활동3.

1

활동4.

1. 17　2. 66　3. 5　4. 32

활동5.

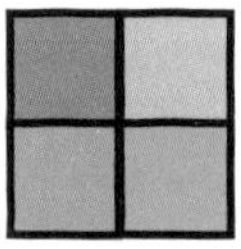

121p

활동6.

1. 

2. 

활동7.

1. 

2. 

MEMO

올백 맞는 교과서 따라쓰기 2학년

1판 1쇄 2022년 2월 1일

저 자 올드스테어즈 편집부
펴 낸 곳 OLD STAIRS
출판 등록 2008년 1월 10일 제313-2010-284호
이 메 일 oldstairs@daum.net

가격은 뒷면 표지 참조
979-11-91156-27-0

공통안전기준 표시사항

· **품명 :** 도서 · **재질 :** 지류
· **제조자명 :** Oldstairs · **제조국명 :** 대한민국
· **제조연월 :** 2022년 2월
· **주소 :** 서울특별시 마포구 양화로12길 24, 4층
· **KC인증유형 :** 공급자적합성확인

KC마크는 이 제품이 공통안전기준에 적합하였음을 의미합니다.
책 모서리에 찍히거나 책장에 베이지 않게 조심하세요.